調味料と
たれ&ソース

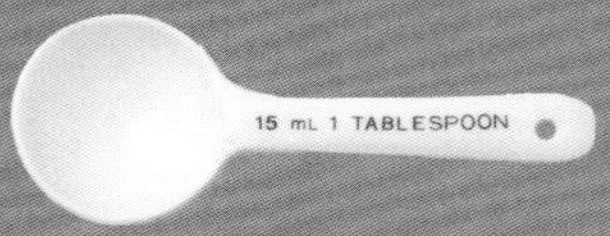

568

主婦の友社

もくじ

醤油

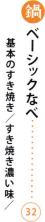

油

ごま油、ごま

オリーブ油

マヨネーズ

トマトケチャップ

ソース

その他調味料

乳製品

味のもと食材

本書の使い方

配合の分量について

☆ 特に注記がないものは、基本4人分を目安にしています。

☆ ドレッシング、つけだれなど作りやすい分量を表記しているものは、必要に応じてかげんしてください。

基本の配合

☆ 定番料理のベーシックな味つけ。なじみ深い味が作りたいなら、試してみてください。

配合

☆ 料理の煮汁や合わせ調味料など。味つけの要になる場合、食材も記載しています。

☆ 配合の調味料は、まぜ合わせて一度に加えるものと、一つずつ順に加えていくものがあります。それぞれの作り方を参照してください。

作り方

☆ それぞれの配合の調味料を使って料理を作る手順の説明。基本のレシピを参照しながら、アレンジ料理が作れます。

☆ ドレッシングやディップなど、配合自体で調理が完成するものは、まぜ合わせる手順を解説しています。

基本のレシピ

☆ 定番料理の基本的な作り方。この「基本レシピ」をもとに、いろいろな味のバリエーションの料理が作れます。

☆ 基本のレシピの調味料や煮汁を、好みの配合のものにおきかえて、自分の好きなレシピを見つけてください。

煮る

みんな大好きな王道の味
基本の肉じゃが

配合（4人分）
煮汁
だし…1カップ
しょうゆ…大さじ4
砂糖…大さじ4

memo
煮汁は全体に味がなじむように、からめるように煮詰めていきましょう。
めが好みならみりん大さじ2を足し

基本のレシピ
材料（4人分）
好みの肉（豚肉、牛肉など）…2
じゃがいも…3個
玉ねぎ…1個
上記配合の煮汁
ごま油…大さじ1
好みで…
にんじん、しらたき、絹さや…各適量

作り方
1 じゃがいもは四つ割り、玉ねぎは3cm幅のくし形切り、肉は食べやすい大きさに切る。
2 なべにごま油を熱し、1をいためる。
3 煮汁を加えて煮立ったら弱めの中火にし、アクを除いて落とし蓋をし、材料がやわらかくなるまで煮る。

ほっとするこっくりみそ味
みそ肉じゃが

配合
煮汁
だし…2カップ
酒…大さじ3
砂糖…大さじ2
みそ…大さじ1.5

作り方
基本のレシピと同じく、煮汁は作り方3で加える。みそは風味を残したいので、最後になべの煮汁少量をとり、とかしてから加える。

豚じゃが牛じゃが
明治時代にビーフシチューのレシピをもとに海軍で開発されたとされる肉じゃが。関西では牛肉を使うのが一般的ですが、東日本では豚肉を使う地域もあります。

牛乳を加えてまろやか肉じゃが
白肉じゃが

配合
煮汁
酒…大さじ4
みりん…大さじ2
塩…大さじ1
牛乳…1.5カップ

作り方
基本のレシピと同じく、煮汁は作り方3で加える。牛乳は別にあたためてから最後に加える。仕上げにバター適量を加えてもおいしい。

しょうがの風味でさわやかな味わい
しょうが肉じゃが

配合
煮汁
だし…1カップ
砂糖…大さじ2
しょうゆ…大さじ1.5
しょうがのせん切り…1かけ分

作り方
基本のレシピと同じく、煮汁は作り方3で加えて煮る。

トマトをプラス
さっぱりさわやかな味に仕上げたいなら、フレッシュトマトを加えるのがおすすめ。皮を湯むきして種を除くと水っぽくならず、口あたりよく煮上がります。

新じゃが
新じゃがは皮ごと調理し、味にアクセントを加えるとおいしくなります。しょうがをきかせた煮汁にしたり、脂の多い豚バラ肉を使うなどのアレンジを。

12

レシピ表記について

☆ 小さじ1＝5ml、大さじ1＝15ml、1カップ＝200mlです。ただし、米を炊く場合の1カップは、180ml＝1合です。

☆ だしと表記しているのは、特に注記がない場合は、削り節や昆布などでとった和風だしのことで、自分でとる場合は、156ページを参照してください。市販の即席だしを使う場合は、パッケージの表示どおりに湯にとかすなどして用意してください。顆粒スープ、固形スープ、コンソメは洋風スープのもとを、鶏ガラスープは中華風スープのものを使用してください。

☆ 調味料類は、とくに表記がない場合は、しょうゆは濃口しょうゆ、小麦粉は薄力粉、砂糖は上白糖、油はサラダ油を使用しています。

☆ 電子レンジの加熱時間は、600Wを使用したときの目安を表記しています。機種によりW数や加熱具合が多少異なることがありますので、様子を見ながらかげんしてください。

☆ 作ったたれ・ソースが余った場合は、冷蔵庫などで保存し、2～3日で使いきるようにしてください。

醤油
塩
Soy sauce, Salt

醤油

麹《こうじ》の話

米、麦、大豆などの穀物を蒸してねかし、麹菌を繁殖させたもの。酒、みそ、しょうゆはもちろん、みりん、酢を造るときに使う。

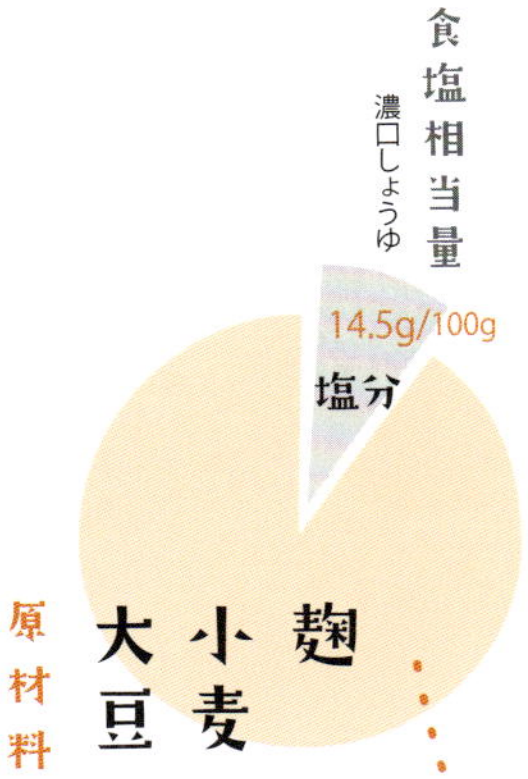

淡口は 15.5％で塩分が多くなる。

黄大豆

黒大豆

青大豆

大豆にもさまざまな種類があるが、しょうゆの原料は黄大豆。

大豆の話

良質のたんぱく質が多いことから″畑の肉″とも呼ばれる。日本人は古代より大豆の自然の栄養をうまく食生活にとり入れてきた。

万能調味料

5原味といわれる、″甘み、酸味、塩味、苦み、うまみ″のすべてをバランスよく持っている調味料がしょうゆです。すし、刺し身、そば、うどん、おふくろの味まで、日本料理には欠かすことができません。

ほかの調味料や香辛料などと合わせて照り焼きや焼き肉のたれ、酸味と合わせて和風ドレッシングやポン酢しょうゆなど、しょうゆをベースにした調味料となると数えきれません。和食ブームもあって今では世界各国で親しまれています。

特徴は色、コク、香りで、調理効果もさまざま。和食に限らず、あらゆるジャンルの料理にも使える万能調味料を上手に使いこなしましょう。

しょうゆも発酵食品

簡単にいうと大豆、小麦、塩を原料とする発酵食品です。少し詳しくいえば、蒸した大豆といった小麦をまぜ合わせ、たね麹《こうじ》を加えて「麹」を造り、これを食塩水とともに仕込んで「もろみ」にし、攪拌《かくはん》を重ねながら発酵、熟成させたものです。

おおまかに濃口、淡口、たまり、再仕込み、白の5種類に分けられます。間違いやすいのは濃口と淡口の違い

選び方・種類

味、色、濃厚さ、香りが異なります。使ったことのないしょうゆも使い比べて調理に生かしてみてください。

濃口しょうゆ

一般にしょうゆといえばこの種類をさす。調理、卓上と幅広く利用。

オススメ料理
なんにでも

淡口しょうゆ

京料理によく使われる。素材の色や風味を生かしたいときに。

オススメ料理
吸い物

白しょうゆ

琥珀色で淡泊だが、甘みが強い。白だしという調味料の原料となる。

オススメ料理
吸い物
茶碗蒸し

再仕込みしょうゆ

山陰から九州地方の特産。色、味、香りともに濃厚。

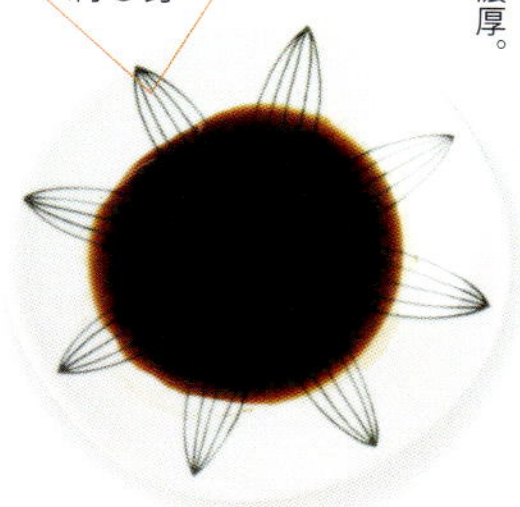

オススメ料理
刺し身

たまりじょうゆ

とろみと濃厚なうまみ、独特な香りが特徴。すし、刺し身などに。

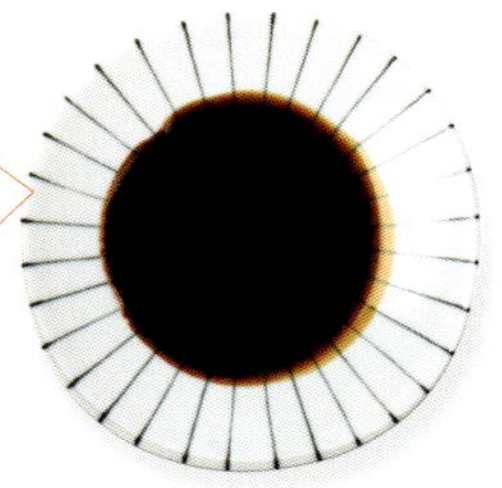

オススメ料理
照り焼き
うま煮

で、味の濃い薄いではなく、色の濃い薄いです。塩分はむしろ淡口のほうが高いので、塩分を控えたい場合は減塩しょうゆを選びましょう。

濃口は江戸時代から？

もともとは原料を塩漬けにして保存したことから始まったもので、ルーツはおよそ３０００年以上も前の古代中国の醤（ひしお・ジャン）であると伝わっています。

日本では鎌倉時代に中国から径山寺みそが伝わり、〝醤〟からしみ出た汁が現在の〝たまりじょうゆ〟といわれています。

その後、各地でそれぞれの土地に根ざしたしょうゆが醸造されるようになりました。江戸好みの濃口しょうゆは江戸時代に造られたようです。関西と関東のうどんつゆの違いはこの時代からのものなのでしょう。

使い方

濃口しょうゆだけではなく、用途によって使い分けたい。製法の違いだけでなく、塩分カットの減塩や原料にこだわる有機、だし入りしょうゆなど種類も多数。

調理効果

- 生ぐささを消す効果。刺し身をしょうゆで食べるのもそのため

- 加熱すると香りと照りが出る
- 殺菌効果がある。つくだ煮やしょうゆ漬けに利用される
- 甘みやうまみを引き出す作用
- 塩みを抑える。塩辛すぎるものに少量を

保存方法

時間がたつと色が濃くなり、風味が落ちるので冷暗所で保存する。現在では、空気が入らないように開発された容器も販売されている。

みんな大好きな
王道の味

基本の肉じゃが

配合（4人分）

煮汁

- だし…1カップ
- しょうゆ…大さじ4
- 砂糖…大さじ4

memo

煮汁は全体に味がなじむように、からめるように煮詰めていきましょう。甘めが好みならみりん大さじ2を足して。

基本のレシピ

材料（4人分）

好みの肉（豚肉、牛肉など）…200g
じゃがいも…3個
玉ねぎ…1個
上記配合の煮汁
ごま油…大さじ1

好みで…

- にんじん、しらたき、絹さや…各適量

作り方

1 じゃがいもは四つ割り、玉ねぎは3㎝幅のくし形切り、肉は食べやすい大きさに切る。
2 なべにごま油を熱し、1をいためる。
3 煮汁を加えて煮立ったら弱めの中火にし、アクを除いて落とし蓋をし、材料がやわらかくなるまで煮る。

ほっとする
こっくりみそ味

みそ肉じゃが

配合

煮汁

- だし…2カップ
- 酒…大さじ3
- 砂糖…大さじ2

みそ…大さじ1.5

作り方

基本のレシピと同じく、煮汁は作り方3で加える。みそは風味を残したいので、最後になべの煮汁少量をとり、とかしてから加える。

豚じゃが牛じゃが

明治時代にビーフシチューのレシピをもとに海軍で開発されたとされる肉じゃが。関西では牛肉を使うのが一般的ですが、東日本では豚肉を使う地域もあります。

牛乳を加えて
まろやか肉じゃが

白肉じゃが

配合

煮汁

- 酒…大さじ4
- みりん…大さじ2
- 塩…大さじ1

牛乳…1.5カップ

作り方

基本のレシピと同じく、煮汁は作り方3で加える。牛乳は別にあたためてから最後に加える。仕上げにバター適量を加えてもおいしい。

しょうがの風味で
さわやかな味わい

しょうが肉じゃが

配合

煮汁

- だし…1カップ
- 砂糖…大さじ2
- しょうゆ…大さじ1.5
- しょうがのせん切り…1かけ分

作り方

基本のレシピと同じく、煮汁は作り方3で加えて煮る。

トマトをプラス

さっぱりさわやかな味に仕上げたいなら、フレッシュトマトを加えるのがおすすめ。皮を湯むきして種を除くと水っぽくならず、口あたりよく煮上がります。

新じゃが

新じゃがは皮ごと調理し、味にアクセントを加えるとおいしくなります。しょうがをきかせた煮汁にしたり、脂の多い豚バラ肉を使うなどのアレンジを。

バランスのよい組み合わせ

基本のぶり大根

配合（4人分）

煮汁

- だし…1.5 カップ
- 酒…1/2 カップ
- みりん…大さじ 3
- しょうゆ…大さじ 3
- 砂糖…大さじ 1
- しょうがの薄切り…１かけ分

memo

魚の生ぐさみを少なくするため、しょうがを加えます。好みでせん切り、薄切り、すりおろし、しぼり汁など変化をつけて。

基本のレシピ

材料（4人分）

ぶり（切り身）…４切れ
大根…小 1/2 本
上記配合の煮汁
サラダ油…大さじ 3

作り方

1 大根は 1.5 ㎝の半月切りにし、皮をむく。
2 フライパンにサラダ油を熱して大根、ぶりの順に表面を焼き、ともにとり出して熱湯をかける。
3 なべに煮汁を入れて煮立て、大根を加えて蓋をし、10 分煮る。ぶりを加えて落とし蓋をし、さらに 15 分ほど煮る。

レンジで下ごしらえ

スピード ぶり大根

配合

煮汁

- だし…１カップ
- しょうゆ…大さじ 1.5
- 酒…大さじ１
- 砂糖…大さじ１
- しょうがのせん切り…１かけ分

作り方

大根は薄めに切り、煮る前に電子レンジで約６分加熱しておく。なべに煮汁を煮立て、大根とぶりを入れて 15 分ほど煮る。

青魚におすすめのあっさり味

あっさり煮魚

配合（魚４切れ分）

煮汁

- 昆布だし…３カップ
- 薄口しょうゆ…大さじ 2
- 酒…大さじ 2

おろししょうが…1 かけ分

作り方

なべに昆布だしと霜降りした魚を入れ、火が通ったら薄口しょうゆと酒を加える。器に盛り、好みでおろししょうがを添える。

定番の簡単煮魚のひとつ

かれいの煮物

配合（かれい４切れ分）

煮汁

- 水…１カップ
- 酒…１カップ
- 砂糖…大さじ 1.5
- しょうゆ…大さじ 4
- しょうがの薄切り…１かけ分

作り方

なべに煮汁を入れて煮立て、かれいを並べ、落とし蓋をして煮る。

たまりじょうゆがポイント

まぐろのうま煮

配合（まぐろ 240g 分）

煮汁

- 酒…1/2 カップ
- みりん…大さじ 2
- 砂糖…大さじ 1

しょうが汁…１かけ分
たまりじょうゆ…大さじ 1

作り方

なべに煮汁と霜降りしたまぐろとねぎを入れて煮立て、たまりじょうゆ、しょうが汁を加えて 15 分ほど煮る。

ぶりとかれい

脂がのってこってりした味のぶりは、大根など淡泊な野菜と合わせてバランスをとります。かれいのような白身魚は、魚の味を生かすためだしを使わず煮ましょう。

かれい

ぶり

甘辛かげんがちょうどよい

基本のきんぴら

配合（4人分）

煮汁

酒…大さじ 2
砂糖…大さじ 2
しょうゆ…大さじ 2

油：ごま油…大さじ 1
辛み：赤とうがらしの小口切り…1/2 本分

memo

辛さは赤とうがらしの量でかげんを。種ごと小口切りにするとさらに辛みはアップします。赤とうがらしのかわりにこしょう、ごま油のかわりにオリーブ油など自分好みのきんぴらをめざして。

基本のレシピ

材料（4人分）

ごぼう、にんじん、れんこんなど好みの野菜…合わせて約 200g
上記配合の煮汁
油
辛み

作り方

1 野菜類は薄切り、または細切りにする。好みで切り方を変えてよい。
2 なべに油をあたため、辛みと 1 の野菜類を入れていためる。
3 油がまわったら、煮汁を加え、汁けがなくなるまでいため煮する。

こしょうの風味をしっかりきかせて

こしょう きんぴら

配合

煮汁

だし…1/2 カップ
砂糖…小さじ 1
しょうゆ…大さじ 1
みりん…大さじ 1

油：ごま油…大さじ 1
辛み：こしょう…大さじ 1/2

作り方

基本のレシピ参照。煮汁が多い分、少し長めに加熱するので、野菜はやや厚めに切って。

オリーブ油の風味がパンやワインにも◎

洋風 きんぴら

配合

煮汁

酒…大さじ 2
しょうゆ…大さじ 1

油：オリーブ油…大さじ 1
にんにくのみじん切り…2 かけ分
辛み：黒こしょう…適量

作り方

基本のレシピ参照。作り方 2 でにんにくをオリーブ油でいためてから煮汁を加える。辛みは仕上げで加える。ベーコンを具に加えるとさらにうまみが増す。

うまみのある、かつお節しょうゆで味つけ

だししょうゆ きんぴら

配合

煮汁：かつお節しょうゆ（p.24 参照）…大さじ 2
油：サラダ油…大さじ 1
辛み：七味とうがらし…適量

作り方

基本のレシピ参照。辛みは作り方 3 で汁けがなくなってから加える。うどなど風味を生かしたい素材向き。

みんな大好きカレー味、牛肉を加えても

カレー きんぴら

配合

煮汁

カレー粉…大さじ 1/2
トマトケチャップ…大さじ 1
しょうゆ…大さじ 1
砂糖…小さじ 1

油：サラダ油…大さじ 1.5
パセリ…適量

作り方

基本のレシピ参照。パセリは作り方 3 の仕上げで加える。具に塩、こしょうで下味をつけた牛肉を加えてもおいしい。

3色きんぴら

ごぼうとにんじんの定番きんぴらに、好みでセロリを足してもおいしい。香りが強いので、しょうゆとみりんを少量振り入れるくらいの味つけでじゅうぶんです。

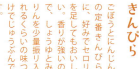

基本の角煮

常備菜に便利な飽きのこない味

配合（4人分）

煮汁

- しょうゆ…大さじ4
- 砂糖…大さじ4
- 酒…1/2カップ
- 水…1.5カップ

memo

冷めてもおいしい味つけは覚えておくと便利です。子どもも大好きなゆで卵を入れてボリュームアップするのもおすすめ。

基本のレシピ

材料（4人分）

豚バラかたまり肉…400g
ねぎの青い部分…1本分
しょうがの薄切り…3枚
上記配合の煮汁

好みで…

- ゆで卵、ねりがらし…各適量

作り方

1 なべにたっぷりの湯を沸かし、豚肉をゆでこぼす。
2 なべにあらためて1の肉とかぶるぐらいの水を入れ、ねぎ、しょうがを加えて1時間弱煮込む。肉をとり出して一口大に切る。
3 なべに肉と煮汁を加えて落とし蓋をし、20分煮る。※ここで卵を加える。味を見てさらに5分ほど煮る。
好みでゆで卵を入れるときは、肉をとり出してから加えて煮汁をからめる。ねりがらしをつけていただいても。

筑前煮

たくさんの食材のだしで滋味深い味に

配合

煮汁

- 砂糖…大さじ1
- みりん…大さじ2
- 酒…大さじ2
- しょうゆ…大さじ4.5

サラダ油…適量

作り方

なべにサラダ油と食材を入れていため、ひたひたの水を注いで煮立て、煮汁を加えて15分ほど煮る。

梅酒角煮

梅酒を使ってあっさり上品に配合

配合

煮汁

- 梅酒…1/2カップ
- 梅酒の梅干し…4粒
- 水…1.5カップ

しょうゆ…大さじ2

作り方

基本のレシピ参照。しょうゆは作り方3で20分ほど煮たあと、味を見てから加える。

梅酒煮

梅酒を使ったまろやかな甘味の角煮。梅干しそのものを加えても味が引き締まります。最後に味見をしてしょうゆで味をととのえ、塩分の調整をしましょう。

基本のいなりずしお揚げ

定番の味のお揚げ

基本のレシピ

配合（油揚げ6枚分）

煮汁

- だし…2カップ
- みりん…大さじ4
- 砂糖…大さじ6
- しょうゆ…大さじ6

作り方

なべに煮汁を煮立て、油揚げを入れて落とし蓋をし、汁けがなくなるまで弱火で15分ほど煮る。

すっきりお揚げ

上品な味のお揚げ

配合（油揚げ6枚分）

煮汁

- だし…1.5カップ
- 砂糖…大さじ2
- みりん…大さじ4
- しょうゆ…大さじ4

作り方

基本のレシピ参照。

すしめし（p.56参照）を詰めれば、いなりずしに。

定番の味つけを家庭でも

基本の牛丼

配合（4人分）

煮汁

水…1と1/3カップ
しょうゆ…大さじ5
砂糖…大さじ2
みりん…大さじ2
酒…大さじ2

memo

牛肉と玉ねぎさえあれば、この煮汁で簡単においしい牛丼が作れます。何度でも食べたくなる味。たっぷりの紅しょうがとみそ汁をつけてどうぞ。

基本のレシピ

材料（4人分）

ごはん…どんぶり4杯分
牛バラ薄切り肉…400g
玉ねぎ…1/2個
グリーンピース（冷凍）…大さじ1
上記配合の煮汁

作り方

1 牛肉は3㎝幅に切る。玉ねぎは繊維に沿って5㎜厚さに切る。グリーンピースは解凍する。
2 なべに煮汁を煮立て、玉ねぎを入れて透き通るまで煮る。牛肉を加え、アクを除きながら7分ほど煮含める。
3 どんぶりにごはんを盛り、2を4等分してのせ、グリーンピースを散らす。

どこか懐かしい味つけ

レトロ 牛丼

配合（4人分）

調味料

トマトケチャップ…大さじ6
ウスターソース…大さじ4
しょうゆ…大さじ2
ねりがらし…大さじ1
サラダ油…適量

作り方

基本のレシピの作り方2のみ、下記のとおりに行う。

2 フライパンにサラダ油を熱して玉ねぎ、牛肉の順にいため、肉の色が変わったら調味料を加えていため合わせる。

すっきりした味でもうまみはきかせて

あっさり 親子丼

配合（4人分）

煮汁

水…1/2カップ
しいたけしょうゆ（作り方下記参照）…大さじ6

作り方

基本のレシピと同じく、作り方2で煮汁を煮立てる。

親子丼のほか、いためだれにも

しいたけしょうゆ

材料（作りやすい分量）

しょうゆ…1/2カップ
酒…1/2カップ
砂糖…大さじ3
みりん…小さじ2
干ししいたけ（スライス）…10g

作り方

なべにすべての材料を入れ、中火にかけて煮立て、アクを除く。弱火にして30秒ほど煮る。3時間以上おいてから使う。

みんなに愛される正統派ベーシックタイプ

基本の親子丼

配合（4人分）

煮汁

だし…2カップ
酒…大さじ1.5
砂糖…大さじ2
みりん…大さじ1
しょうゆ…大さじ4

memo

どんぶりの専用なべがあればベストですが、なければ小さめのなべやフライパンでじゅうぶんです。1人分ずつ作るのが理想的。

基本のレシピ

材料（1人分）

ごはん…どんぶり1杯分
鶏もも肉…1/2枚
玉ねぎ…1/4個
三つ葉…適量
卵…1個
上記配合の煮汁1人分

作り方

1 鶏肉は一口大に切る。玉ねぎは3㎜厚さの薄い半月切りにする。三つ葉は3㎝長さに切る。
2 小さめのフライパンに合わせた煮汁の1/4量を中火で煮立て、鶏肉と玉ねぎを加える。
3 鶏肉の上下を返しながら火を通し、卵をときほぐしてまわし入れる。
4 卵が半熟状になったら三つ葉を加え、器に盛ったごはんにのせる。

ごはんをおかわりしたくなるスタンダードな味

基本のしょうが焼き

配合（豚肉 400g 分）

焼きだれ

しょうゆ…大さじ 3
みりん…大さじ 2
酒…大さじ 1
おろししょうが…１かけ分

memo

人気の高いしょうが焼きですが、つい味がマンネリ化しがち。しょうがの風味を生かしたいろいろな焼きだれをマスターしておくと重宝します。

基本のレシピ

材料（4人分）

豚薄切り肉…400g
上記配合の焼きだれ
小麦粉…大さじ 2
サラダ油…大さじ 1

作り方

1 豚肉は焼き縮みを防ぐため、筋切りして小麦粉を薄くまぶす。
2 焼きだれをまぜ合わせる。
3 フライパンにサラダ油を熱し、豚肉を半量ずつ焼く。強火で豚肉の表面を焼き固めるようにしてとり出す。
4 全量の豚肉をフライパンに戻し入れ、2の焼きだれを加えて煮立て、肉にからめる。

オイスターソースで濃厚に

中華風しょうが焼き

配合

焼きだれ

おろしにんにく…1 かけ分
おろししょうが…1 かけ分
しょうゆ…大さじ 3
オイスターソース…大さじ 3
ごま油…大さじ 3
酒…大さじ 1.5
みりん…小さじ 2
豆板醤…小さじ 2
砂糖…小さじ 2

作り方

基本のレシピと同じく、焼きだれは作り方 2 でまぜ、4 で加える。

おろし玉ねぎであっさりと仕上げて

さっぱりしょうが焼き

配合

焼きだれ

おろし玉ねぎ…大さじ 2
しょうゆ…大さじ 2.5
酒…大さじ 2.5
しょうが汁…１かけ分
砂糖…大さじ 1
酢…大さじ 1

作り方

基本のレシピ参照。ただし、作り方 2 で焼きだれをまぜるとき、おろし玉ねぎのみ、さっといためてから加えて。

オレンジでアレンジしたおしゃれな味

洋風しょうが焼き

配合

焼きだれ

オレンジ…1 個
おろししょうが…１かけ分
塩…小さじ 1
バルサミコ酢…大さじ 2
白ワイン…大さじ 2

作り方

基本のレシピと同じ、焼きだれは作り方 2 でまぜ、4 で加える。オレンジは皮をすりおろし、実は刻んで加える。

みそでコクと和風感アップ

みそしょうが焼き

配合

焼きだれ

赤みそ…大さじ 2
砂糖…小さじ 1
酒…大さじ 4
みりん…大さじ 4
おろししょうが…大さじ 2

作り方

基本のレシピと同じく、焼きだれは作り方 2 でまぜ、4 で加える。

オレンジしょうが焼き

オレンジ果汁とバルサミコ酢の酸味でいつもの味に変化をつけて軽やかな味の洋風しょうが焼きに。フルーティーな香りは食卓を楽しく華やかにしてくれます。

覚えやすい照り焼きの黄金比率

鶏の照り焼き

配合（鶏もも肉 2 枚分）

たれ

しょうゆ…大さじ 2
みりん…大さじ 2

memo

その名のとおり、照りよく仕上げる照り焼きは見た目も香りも食欲をそそるおかずです。冷めてもおいしいのでお弁当にも最適。

鶏の照り焼き

材料（4人分）

鶏もも肉… 2 枚
上記配合
（基本または好みで甘め）のたれ
サラダ油…大さじ 1

好みで…

ししとうがらし…適量

作り方

1 鶏肉は両面をフォークで刺して穴をあける。ししとうがらしはさっといためる。
2 フライパンにサラダ油を熱し、鶏肉を入れて強火で両面に焼き色をつけ、中火にして蓋をし、5 分ほど蒸し焼きにする。
3 蓋をとり、たれを加えて全体にからめる。

甘めが好みなら
はちみつのやさしい甘さを加えて

配合

たれ

しょうゆ…大さじ 1.5
酒…大さじ 1.5
みりん…大さじ 1.5
はちみつ…大さじ 2
塩、こしょう…各少々

みりんを多くして照りをアップ

焼きつくね

配合（鶏ひき肉 300g 分）

たれ

しょうゆ…大さじ 2
みりん…大さじ 3

作り方

フライパンにサラダ油を熱し、つくねを入れて両面をしっかり焼き、たれを加えて汁けがなくなるまで煮からめる。

紹興酒で変化をつけて

中華風照り焼き

配合

たれ

しょうゆ…大さじ 1
紹興酒…大さじ 1
砂糖…小さじ 1

作り方

基本のレシピと同じく、作り方 3 でたれを加える。豆板醤やゆずこしょうを添えてもおいしい。

お弁当にもってこい、しょうゆが香ばしい

肉巻き焼き

配合（牛肉 240g 分）

たれ

しょうゆ…大さじ 1
砂糖…大さじ 1/2
酒…大さじ 1
小麦粉…適量

作り方

さっとゆでたにんじんやさやいんげんを牛肉で巻いて小麦粉をまぶして焼き、たれを加えて、全体にからめながら煮詰める。

鶏肉のたれ、牛肉のたれ

淡泊な鶏肉は甘めに仕上げた照り焼きだれ、うまみの強い牛肉はしょうゆ風味のすっきりだれが合います。牛もも肉ならさっぱり味、牛ロース肉でごちそうに変身も。

鶏肉

牛肉

甘めのたれは
ごはんによく合う

基本のぶりの照り焼き

配合（ぶり4切れ分）
たれ
しょうゆ…大さじ2
みりん…大さじ2
酒…大さじ3
砂糖…大さじ1

memo
フライパンでササッと作れるお魚メニューはうれしいもの。ぶりに塩を振っておくと余分な水分と生ぐさみが抜け、よりおいしくなるのでここはひと手間かけて。

基本のレシピ

材料（4人分）
ぶり…4切れ
上記配合のたれ
塩…適量

作り方
1 ぶりは塩を両面に振って15分おき、水けをふく。
2 たれを合わせる。
3 フライパンを熱して1のぶりを入れ、両面を焼く。
4 フライパンをふいてたれをまわし入れ、ぶりにからめながら煮詰める。

いわしやさんまなどの青魚に

にんにく照り焼き

配合
たれ
おろしにんにく…2かけ分
しょうゆ…大さじ3
みりん…大さじ2
酒…大さじ2
砂糖…大さじ1
水…大さじ4

作り方
基本のレシピと同じく、たれは作り方2で合わせ、4でからめる。あじやいわしで作るなら、開いたもので調理を。

ぶりなど脂ののった魚に

あっさりつけ焼き

配合（魚4切れ分）
つけ汁
しょうゆ…50㎖
酒…50㎖

作り方
つけ汁を合わせ、魚4切れを5時間ほどつけ込む。グリルを熱して魚の両面を焼く。

たちうお、生鮭、かますに

ゆうあん焼き

配合（魚4切れ分）
つけ汁
しょうゆ…大さじ3
みりん…大さじ2
ゆずの輪切り…4枚

作り方
つけ汁を合わせ、魚4切れを15分ほどつけ込む。グリルを熱して魚の両面を焼く。

たらのような淡泊な魚に

南蛮焼き

配合（魚4切れ分）
つけ汁
みりん…大さじ4
しょうゆ…大さじ4
ねぎのみじん切り…大さじ2
カレー粉…大さじ1/2

作り方
つけ汁を合わせ、魚の切り身を20分ほどつけ込む。魚にねぎをのせ、グリルで焼く。仕上げにカレー粉を振る。

淡泊な魚の焼きだれには
淡泊な白身魚は刻みねぎをたっぷりのせて焼き、仕上げにカレー粉を振ると、ぐんと風味が増しておいしくなります。

たら

魚のくさみが苦手なら
にんにくでくさみを消した照り焼きなら、魚が苦手な子どもでもだいじょうぶかもしれません。栄養満点のいわしやさんまなどの青魚でチャレンジを。魚は皮目から焼き、香ばしく仕上げて。

いわし

しょうゆで 焼く

焼き肉のたれ

おうち焼き肉や、みんなで集まるバーベキューをさらにランクアップ！ 肉の特性に合わせたつけ込みだれで下準備して、それぞれの味わいを楽しんでください。

基本のつけ込みだれ

しょうゆ焼き肉

どんな肉とも合う、基本のしょうゆだれ

配合（肉 400g 分）

砂糖…大さじ 1 と 1/3
酒…大さじ 3
しょうゆ…大さじ 4
こしょう…少々
粉とうがらし…少々
おろしにんにく…1 かけ分
ねぎのみじん切り…大さじ 1
ごま油…大さじ 1
すり白ごま…大さじ 1

作り方

すべての材料をまぜ合わせ、肉にもみ込む。

みそ味焼き肉

みそのコクでしっかりした味にどんな肉とも相性よし

配合（肉 400g 分）

みそ…大さじ 5
酒…大さじ 2
みりん…大さじ 2
砂糖…大さじ 1
ねぎのみじん切り…10 ㎝分

作り方

すべての材料をまぜ合わせ、肉にもみ込む。

牛肉に

さっぱり焼き肉

しょうがでさわやかな風味をプラス

配合（肉 400g 分）

しょうゆ…大さじ 4
酢…大さじ 2
はちみつ…大さじ 2
ごま油…大さじ 2
おろしにんにく…小さじ 1
おろししょうが…小さじ 1

作り方

すべての材料をまぜ合わせ、肉にもみ込む。

ステーキ風焼き肉

ワインの風味豊かなリッチな味わい

配合（肉 400g 分）

赤ワイン…1/2 カップ
しょうゆ…小さじ 2
砂糖…小さじ 1
おろし玉ねぎ…1/4 個分
おろししょうが…1 かけ分
おろしにんにく…小 1 かけ分

作り方

すべての材料をなべに入れ、火にかける。煮立ったら火を止めて冷まし、塩、こしょうを振った肉をつけ込む。

豚肉に

基本のスペアリブ

こってりしすぎず、おとなにも大好評

配合（スペアリブ 800g 分）

おろし玉ねぎ…1/4 個分
おろしにんにく…1 かけ分
赤ワイン…1/4 カップ
トマトケチャップ…大さじ 2
しょうゆ…大さじ 1
塩…小さじ 1
こしょう、ナツメグ…各少々

作り方

すべての材料をまぜ合わせ、肉にもみ込む。

スパイシースペアリブ

やみつきになる甘辛味

配合（スペアリブ 800g 分）

しょうゆ…大さじ 2
ナンプラー…大さじ 1
三温糖…大さじ 3
紹興酒…大さじ 2
酢…大さじ 1
おろしにんにく…2 かけ分
こしょう…少々

作り方

すべての材料をまぜ合わせ、肉にもみ込む。

焼き肉のつけだれ

焼き上がった肉につけるたれ。味を引き締めたり、あと口をさっぱりさせるので、飽きずに食べらます。

バランスのよい万能つけだれ しょうゆだれ

配合

しょうゆ…1/2 カップ
はちみつ…大さじ 2
しょうが汁…小さじ 2
おろしにんにく…1 かけ分
酒…大さじ 3
いり白ごま…大さじ 1 ～ 2

作り方

酒は煮きってアルコール分をとばす。すべての材料をまぜる。シンプルな焼き肉に。

酸味とコクで変化をつけて マヨだれ

配合

酢…大さじ 3
塩…小さじ 2
砂糖…小さじ 4
こしょう…少々
サラダ油…大さじ 4.5
マヨネーズ…小さじ 2

作り方

すべての材料を上記の順に加えながらまぜ合わせる。シンプルな焼き肉や、野菜のグリルに。

さわやかな酸味を肉にたっぷりからめて レモンみぞれ

配合

レモンのしぼり汁
　…大 1 個分
レモンの皮のすりおろし
　…大 1 個分
大根おろし…大さじ 6
だし…大さじ 1
しょうゆ…小さじ 2
塩…少々

作り方

すべての材料をまぜ合わせる。しっかりたれにつけ込んだ焼き肉をさっぱりと食べたいときに。

ねぎとごまの風味であっさりと ねぎ塩だれ

配合

ねぎのみじん切り
　…大さじ 2
塩…小さじ 1.5
すり白ごま…大さじ 1
ごま油…大さじ 2

作り方

ねぎに塩をもみ込み、ほかの材料とともに弱火で 1 分ほどいためる。焼き肉はもちろん、野菜のいためだれにも◎。

子どもが大好きな味 BBQだれ

配合

ウスターソース…大さじ 3
トマトケチャップ…大さじ 3
おろし玉ねぎ…大さじ 1

作り方

すべての材料をまぜ合わせる。さっと焼いた肉にからめて。

鶏肉に

ほっとする格別な和風味 焼き鶏風

配合

しょうゆ…1/2 カップ
みりん…1/2 カップ
ざらめ糖…60g

作り方

すべての材料をまぜ合わせて火にかけ、ひと煮立ちさせて冷ます。冷めたら肉に塗りながら焼く。

東南アジアのくし焼き料理 サテ

配合

ピーナッツだれ（作り方下記参照）
　…大さじ 6
おろしにんにく…小さじ 2
おろししょうが…小さじ 2
しょうゆ…小さじ 1
酒…大さじ 2
塩、こしょう…各少々

作り方

すべての材料をまぜ合わせる。肉を焼き、火が通ったら肉に塗り、焼き色がつくまで焼く。

ピーナッツだれ

材料（作りやすい分量）

ピーナッツバター（粒入り）
　…大さじ 4
酒…大さじ 2
水…大さじ 3
砂糖…大さじ 1

作り方

すべての材料をまぜる。そのまま青菜のあえ衣にしたり、酢適量を加えてドレッシングにしたりと使い方いろいろ。

人気おかずランキング
いつも上位のから揚げ

基本のから揚げ

配合（鶏もも肉 3 枚分）

下味のたれ
- しょうが汁…大さじ 1
- しょうゆ…大さじ 1/2
- 塩…小さじ 1/2

衣
- 卵…1 個
- 小麦粉…大さじ 4

memo

から揚げは下味をじゅうぶんなじませてから揚げると、冷めてもおいしく食べられます。下味と衣を少しずつ変えてバリエを広げましょう。外はカラッ、中はジューシーをめざして。

基本のレシピ

材料（4 人分）

鶏もも肉…3 枚
上記配合の下味のたれ
　　　　　衣
揚げ油…適量

作り方

1. 鶏肉は下ごしらえして食べやすい大きさに切る。下味のたれになじませ、20 分ほどつけ込む。
2. ボウルに衣用の材料を合わせ、1 を入れてよくまぶす。
3. 揚げ油を 200℃に熱し、2 を入れて強めの中火で 8 分ほど揚げ、油をきる。

スパイスをきかせてアレンジ

スパイシー から揚げ

配合（4 人分）

下味のたれ
- 塩…小さじ 1
- ナツメグ…小さじ 1/3
- オールスパイス…小さじ 1/3
- チリパウダー…小さじ 1/3
- こしょう…少々

衣
- 小麦粉…大さじ 4
- 塩…少々

作り方

基本のレシピと同じく、作り方 1 で下味のたれにつけ込み、作り方 2 で衣をまぶす。

さっぱりと男前な揚げ物

竜田揚げ

配合（4 人分）

下味のたれ
- みりん…大さじ 1
- しょうゆ…大さじ 1
- 塩、かたくり粉…各少々

衣
- かたくり粉…適量

作り方

基本のレシピの作り方 2 のみ、下記のとおりに行う。

2 余分な下味のたれをふきとり、ポリ袋に衣用のかたくり粉といっしょに入れて振り、まぶす。

にんにくと塩味で、きりっとした仕上がり

塩 から揚げ

配合（4 人分）

下味のたれ 1
- 塩…小さじ 1
- 一味とうがらし…少々
- 黒こしょう…少々
- ごま油…小さじ 1/2

下味のたれ 2
- 酒…大さじ 2
- おろしにんにく…小さじ 2
- おろししょうが…小さじ 1/2
- りんごのすりおろし…小さじ 2
- 塩…小さじ 1/2

衣
- かたくり粉…適量

作り方

下味のたれ 1 に 2 時間、下味のたれ 2 に 4 時間ほどつけ込んでから、衣をまぶし、基本のレシピ 3 のとおりに揚げる。

名古屋名物の甘辛揚げ

手羽先揚げ

配合（4 人分）

たれ
- しょうゆ…大さじ 3
- 砂糖…大さじ 1.5
- 酢…小さじ 1
- いり白ごま…大さじ 2～3
- ラー油、黒こしょう…各適量

作り方

たれをまぜ合わせ、手羽先をきつね色に素揚げして熱いうちに、5 分ほどつける。

から揚げの衣

から揚げの衣を定番の卵＋小麦粉以外で作ってみては？ かたくり粉の衣はサクサクと軽い仕上がり、上新粉や米粉の衣は、油をあまり吸わないのでさっぱりとした仕上がりになります。

かたくり粉

米粉

小麦粉

淡泊なとうふに
だしのうまみをプラス

基本の揚げ出し

配合（とうふ２丁分）

つゆ

水…2/3カップ
酒…大さじ２
みりん…大さじ２
しょうゆ…大さじ２
削り節…12g

memo

揚げ出しどうふは和食店や居酒屋の定番人気メニューのひとつです。家庭でも思いのほか簡単に作れるので、いろいろなバージョンをトライしてみてください。

基本のレシピ

材料（4人分）

木綿どうふ…２丁
上記配合のつゆの材料
小麦粉、かたくり粉…各大さじ２
大根おろし、おろししょうが…各適量
揚げ油…適量

作り方

1 つゆを作る。削り節以外をなべに入れて火にかけ、煮立ったら削り節を加えてひと煮立ちさせ、こしておく。
2 とうふは水きりして、半分に切る。
3 小麦粉とかたくり粉をまぜ合わせてとうふにまぶしつけ、170℃に熱した揚げ油でカラリと揚げ、油をきる。
4 3を器に盛り、大根おろし、おろししょうが、あたためたつゆをかける。

すりごまを加えて
いつもの味を変える

ごま揚げ出し

配合（4人分）

つゆ

めんつゆ…1/2カップ
水…大さじ３
すり黒ごま…大さじ２

作り方

基本のレシピと同じく揚げ出しどうふを作り、すべての材料をまぜ合わせたつゆをかける。野菜にかけてもおいしい。

揚げびたし

＋

なすは揚げると甘みが増す野菜。夏には揚げびたしにしてしっかり冷やして食べるとおいしい！　ごまの香ばしさとコクで、食欲をそそる逸品になります。

天ぷら全般のつけつゆに

天つゆ

配合（作りやすい分量）

だし…1カップ
しょうゆ…25㎖
みりん…25㎖

作り方

すべての材料を合わせて火にかけ、ひと煮立ちさせる。追いがつおをしてもよい。

甘めに仕上げれば
ごはんと好相性

天丼つゆ

配合（作りやすい分量）

だし…1/3カップ
しょうゆ…1/3カップ
みりん…1/3カップ

作り方

すべての材料を合わせて火にかけ、ひと煮立ちさせる。

青菜をしっとりといただく定番

基本のおひたし

材料（4人分）

あえだれ

だし…1カップ
しょうゆ…大さじ2

memo

一年中出回るようになった青菜は健康に欠かせない栄養がたっぷり含まれています。あえだれやあえ衣を作れば手早くできるおひたしをサイドメニューにつけましょう。

基本のレシピ

材料（4人分）

ほうれんそう…1束
上記配合のあえだれ

作り方

1 ほうれんそうは熱湯でさっとゆで、水にさらして水けをしぼる。
2 あえだれに10分ほどひたす。
3 食べやすい長さに切って器に盛る。

食欲のないときでも食べられる

梅肉あえ

配合

あえだれ

梅干し…2～3個
しょうゆ…小さじ2
みりん…小さじ1
だし…大さじ1

作り方

梅干しは種を除いて裏ごしし、しょうゆ、みりんとだしを加えてときのばす。貝類や、三つ葉のあえ物に。

のりが水けを吸うので、お弁当にも

磯あえ

配合

あえだれ

かつお節しょうゆ（作り方下記参照）
…大さじ2
酢…大さじ1
サラダ油…大さじ1
こしょう…少々
のり…適量

作り方

すべての調味料をまぜ合わせ、ちぎったのりを合わせてあえる。青菜のほか、さらし玉ねぎをあえても。

薬味を生かして上品に

わさびあえ

配合

あえだれ

ねりわさび…小さじ1/4
しょうゆ…大さじ1
だし…1/4カップ
みりん…小さじ1/2

作り方

ねりわさびをしょうゆでときまぜ、だし、みりんとまぜ合わせる。

カレー風味がおいしいアクセント

カレーあえ

配合

あえだれ

しょうゆ…大さじ3
砂糖…大さじ2
カレー粉…小さじ1

作り方

すべての材料をよくまぜ合わせる。じゃがいもやかぼちゃなど、味がしみ込みにくいものは、野菜が熱いうちにあえて。

あえ物で目先を変えて

あえ物は、食材と相性のよい調味料や薬味があると味がまとまります。せりや三つ葉など香りの強い野菜はわさびじょうゆあえ、かぼちゃやじゃがいもなど甘みが強くボリュームのある野菜はカレー粉をプラスして。

かつお節しょうゆ

材料（作りやすい分量）

薄口しょうゆ
…2カップ
みりん…1カップ
かつお節…40g

作り方

1 なべに薄口しょうゆとみりんを入れ、火にかける。ひと煮立ちしたらかつお節を加え、再び煮立ったら火を止める。
2 しばらくしてかつお節が静まったら、こす。あら熱がとれたら保存容器に移す。

手作りしょうゆだれの風味をじっくり味わって

基本の卵かけごはん

配合

卵…1 個
昆布しょうゆ…適量

作り方

1 卵をとく。
2 炊きたてのごはんを茶わんに盛り、昆布しょうゆをまわしかけてさっとまぜ、1 のとき卵を加えて全体をまぜる。

昆布しょうゆ

材料

だし昆布…10 ㎝角 1 枚
みりん…大さじ 3 弱
しょうゆ…1 カップ

作り方

1 耐熱容器にみりんを入れ、ラップをせずに電子レンジで約 2 分加熱する。
2 1 が熱いうちにしょうゆとだし昆布を加えて 2 ～ 3 時間おき、昆布を除く。

ほんの少しのごま油が隠し味

おかかしょうゆごま油

配合

卵…1 個
削り節…1 パック
しょうゆ…適量
刻み青ねぎ…適量
ごま油…少々

作り方

基本のレシピ参照。削り節、刻み青ねぎ、ごま油は最後に加えて。

たまには中華風も楽しい

オイスターソース

配合

卵…1 個
オイスターソース…適量
しょうゆ…適量

作り方

基本のレシピ参照。オイスターソースはしょうゆと同じタイミングで加える。

甘辛さが昔懐かしい味わい

砂糖しょうゆ

配合

卵…1 個
しょうゆ…適量
砂糖…適量

作り方

基本のレシピ参照。砂糖はしょうゆと同じタイミングで加える。

みそと卵が引き立て合う

ねぎみそ七味

配合

卵…1 個
みそ…適量
しょうゆ…適量
七味とうがらし…適量
刻みねぎ…適量

作り方

ごはんに、卵とみそを加えてまぜながら食べる。途中、しょうゆ、七味とうがらし、刻みねぎを加えて熱湯を注ぎ、味の変化を楽しんで。

たっぷりの薬味ですっきりと

薬味

配合

卵…1 個
しょうゆ…適量
おろししょうが…適量
刻みしょうが…1 かけ分
刻みみょうが…2 本
刻み大葉…5 枚

作り方

基本のレシピ参照。薬味はすべて最後に加える。わさびを加えると、よりすっきりした味わいに。

カラフルな三色丼は
やっぱりうれしい

基本のそぼろ

配合（ひき肉300g分）

たれ

しょうゆ…大さじ3.5
砂糖…大さじ2.5
酒…大さじ2
みりん…大さじ1
しょうが汁…1かけ分

memo

そぼろはひき肉が安いときに多めに買って作りおきしておくと便利に使いまわせます。冷凍保存も可能。基本のそぼろはとくに鶏ひき肉に合う配合です。

基本のレシピ

材料（4人分）

鶏ひき肉…300g
上記配合のたれ

作り方

フライパンにしょうが汁以外のたれを合わせて火にかけ、煮立ったら、鶏ひき肉を加えていため、肉の色が変わったら仕上げにしょうが汁を加えていため合わせ、そぼろ状にする。

牛肉で作るのがおすすめの中華風

中華そぼろ

配合

たれ

おろししょうが…1かけ分
砂糖、紹興酒…各大さじ2
しょうゆ…大さじ3

サラダ油…適量

作り方

サラダ油で牛ひき肉をいため、肉の色が変わったらたれを加えてそぼろ状にする。

ツナや鶏など、淡泊な材料に合う

カレーそぼろ

配合

たれ

にんにくのみじん切り…1かけ分
カレー粉…大さじ1
塩…小さじ1
酒…大さじ4
しょうゆ…大さじ2

サラダ油…適量

作り方

サラダ油でツナやひき肉をいため、たれの材料のにんにく、カレー粉、塩を入れてさらにいため、酒、しょうゆを加えてそぼろ状にする。

魚介のうまみをプラスした
アジアンテイスト

エスニックそぼろ

配合

たれ

にんにくのみじん切り
…大さじ2
干しえびのみじん切り
…大さじ4
ねぎのみじん切り
…1本分
酒、ナンプラー…各大さじ4

ごま油…適量

作り方

ごま油でひき肉とたれの材料のにんにくをいため、肉の色が変わったら干しえび、ねぎを順に加えていため、酒とナンプラーも加えてそぼろ状にする。

イタリアンの食材を使った
変わりそぼろ

ドライトマトそぼろ

配合

たれ

ドライトマト…2個分
砂糖、しょうゆ、酢、
オイスターソース
…各大さじ1

サラダ油…適量

作り方

たれの材料のドライトマトは刻んで、調味料に30分ほどつけ込んでおく。サラダ油でひき肉をいため、ドライトマトをたれごと加えてそぼろ状にする。

そぼろいろいろ

鶏ひき肉以外にも、牛肉や豚肉、ツナでアレンジして楽しみましょう。レタスで包んだり、チャーハンに加えたり、蒸し野菜に添えるのもおすすめです。

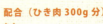

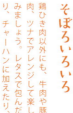

チンジャオロースー

少ない調味料でシャキッと仕上げて

配合

下味

おろしにんにく…小さじ 1
こしょう…少々
しょうゆ…大さじ 1
かたくり粉…大さじ 1/2

いためだれ

酒…大さじ 1
しょうゆ、オイスターソース
…各大さじ 1/2

チンジャオロースーの材料と作り方

牛肉 250g は細切りにし、下味をつける。ピーマン 5 個は細切りにする。フライパンにサラダ油適量を熱し、牛肉をしっかりいため、ピーマンを加えてさっといため、いためだれを全体にからめる。

かに玉 しょうゆあん

スタンダードなかに玉はしょうゆ味のあん

配合

あん

水…1 カップ
砂糖、しょうゆ
…各小さじ 2
酢…大さじ 1
水どきかたくり粉
（かたくり粉、水各小さじ 4）

作り方

水どきかたくり粉以外のあんの材料を煮立てる。仕上げに水どきかたくり粉を加えてとろみをつければでき上がり。

かに玉の材料と作り方

干ししいたけ 3 個はもどして薄切り、ゆでたけのこ 80g はせん切りにし、ほぐしたかにの身 140g とみじん切りのねぎ 1 本分と合わせてサラダ油適量でいためる。とき卵 6 個分とまぜてフライパンで両面を焼いて器に盛り、上記のとおりに作ったあんをたっぷりかける。

にらレバいため

元気もりもりスタミナ中華

配合

下味

しょうゆ、酒…各大さじ 2

いためだれ

オイスターソース、酒、みそ
…各大さじ 2
しょうゆ、砂糖…各小さじ 2
塩、こしょう…各少々

にらレバいための材料と作り方

豚レバー 400g は水洗いしてそぎ切りにし、下味につける。にら 2 束は洗って食べやすい長さに切る。フライパンにサラダ油適量を熱し、レバーをいためてとり出し、にらともやし 1 袋を入れていためる。レバーを戻し入れていためだれを加えていため合わせる。好みで赤ピーマンを加えても。

鶏肉のカシューナッツいため

カシューナッツが香ばしい

配合

下味

しょうゆ…小さじ 1
酒、塩、こしょう…各少々
卵白、かたくり粉…各大さじ 2
サラダ油…大さじ 1

いためだれ

しょうゆ、水…各大さじ 2
酢、酒、砂糖…各大さじ 1
水どきかたくり粉
（かたくり粉小さじ 1　水小さじ 2）

作り方

上記チンジャオロースーの作り方参照。牛肉を鶏肉に、ピーマンの細切りを長ねぎの斜め切りとカシューナッツにして左記の下味といためだれで作る。

下味にもしょうゆ

しょうゆは香りの成分を生かして、肉や魚のくさみを抑え、ふっくらと仕上げる効果があります。下味に加えたしょうゆは油でいためることで、香ばしい仕上がりになります。

ついおかわりしたくなる懐かしい味

基本の炊き込みごはん

配合（米 2 合分）

味つけ

- だし…1 カップ
- 酒…大さじ 1.5
- しょうゆ…小さじ 1.5
- 塩…少々

memo

炊き込みごはんはお米も具もいっしょに味わえて、しかも炊飯器で簡単に作れるので得した気分になります。
基本の作り方をベースにして多種作ってみましょう。季節限定、旬の食材の炊き込みごはんはおもてなし料理にも。

基本のレシピ

材料（4人分）

米…2 合
水…1 カップ
上記配合の味つけ

好みで…

鶏肉、干ししいたけ、にんじん、ごぼう、れんこん、こんにゃくなど各適量

作り方

1 米はといで分量の水と炊飯器に入れる。
2 具はすべて食べやすい大きさに切り、味つけで 2 ～ 3 分煮る。具と煮汁を分けて煮汁を 160 mℓになるように計量する。
3 計量した 2 の煮汁と具を 1 に入れて炊き上げる。

あっさりたけのこのうまみを引き出す

たけのこ 炊き込みごはん

配合

味つけ

- だし…1/4 カップ
- しょうゆ…大さじ 2
- 砂糖…大さじ 2 弱
- 塩…小さじ 1/3

材料

米…2 合
水…360 mℓ
ゆでたけのこ…200g
上記配合の味つけ
ごま油…大さじ 1

作り方

1 米はといでざるに上げておく。たけのこは 5 mm厚さのいちょう切りにする。
2 フライパンにごま油を熱してたけのこをいため、味つけを加えていため煮にする。
3 炊飯器に米と分量の水を入れ、2 を加えて炊き上げる。

さんまの風味を生かす味つけ

さんまの 炊き込みごはん

配合（塩焼きのさんま 2 尾分）

味つけ

- だし…540 mℓ
- しょうゆ…大さじ 3
- しょうがのせん切り…40g

作り方

炊飯器にといだ米 3 合と味つけを加えて炊く。炊き上がったら、さんまの身をほぐし、ごはんにまぜ込む。仕上げに青ねぎの小口切りを散らしても。

おいしいたいめし

配合（塩焼きの切り身のたい 200g 分）

味つけ

- だし…540 mℓ
- 薄口しょうゆ…大さじ 1.5
- 塩…小さじ 1
- 酒…大さじ 3
- バター…15g

作り方

炊飯器にといだ米 3 合と、たいと味つけの材料をすべて加えて炊く。炊き上がったら、たいの骨や皮を除いて身をほぐし、ごはんにまぜ込む。

魚の炊き込みごはん

+

さんまなど青魚の炊き込みごはんなら、しょうがとしょうゆで独特の香りを引き立てるようにしましょう。たいやきのこなど淡泊な食材には油っけのある食材を加えるとぐんと美味に。バターや油揚げなどを隠し味にして。

+

しょうゆの香ばしさが食欲をそそる

基本のチャーハン

配合（ごはん茶わん 4 杯分）

調味料

しょうゆ…小さじ 2
塩…適量
こしょう…適量

memo

チャーハンはいためる音と香りもごちそうです。冷蔵庫の残り野菜でササッと作れるのもうれしいところ。たまには変わったチャーハンも試してみて。

基本のレシピ

材料（4人分）

ごはん…茶わん 4 杯分

好みで…

卵、しいたけ、ハム、むきえび、
ねぎのみじん切り、
グリーンピースなど各適量

上記配合の調味料
サラダ油…適量

作り方

1 好みの具の卵とねぎ、グリーンピース以外は食べやすい大きさに切る。
2 フライパンにサラダ油適量を熱し、とき卵を半熟状にいためてとり出す。
3 フライパンにねぎ以外の具とごはんを入れていため、上記配合の調味料を加えてとり出す。
4 フライパンにサラダ油適量を足し、ねぎをいためて香りを出す。3 を戻し入れていため、2 も戻し、全体をいため合わせる。

オイスターソースでチャイナ気分

牛肉レタスチャーハン

配合

下味

塩…小さじ 1/3
黒こしょう…適量
紹興酒…適量

いためだれ

濃口しょうゆ…大さじ 1 と 1/3
オイスターソース…大さじ 1

作り方

牛肉 240g は下味をつけ、サラダ油適量でいためておく。中華なべに油をなじませ、卵 4 個、ごはん茶わん 4 杯分をいため、いためだれと牛肉を加えてさらにあおり、細切りのレタス 1/6 個分を加えてさっといため合わせる。

絶品和洋折衷のまぜごはん

パルメザンのまぜごはん

配合

パルメザンチーズ…大さじ 3
生わさび…大さじ 1
しょうゆ…適量

作り方

すべての材料を炊きたてのごはん 2 合分にまぜ込む。

酒で風味とうまみをプラス

納豆チャーハン

配合

調味料

酒…大さじ 2
しょうゆ…大さじ 2
塩…少々

作り方

基本のレシピ作り方 1、3、4 参照。具を豚ひき肉、納豆にして調味料で味つけする。

焦がしたしょうゆが香ばしい

焦がししょうゆのまぜごはん

配合

サラダ油…小さじ 2
ちりめんじゃこ…25g
しょうゆ…大さじ 2

作り方

フライパンにサラダ油を熱し、ちりめんじゃこをいため、あいたところにしょうゆを入れて、汁けがなくなるまで煮詰める。炊きたてのごはん 2 合にまぜ込む。

具材に合わせて

五目チャーハンの味つけは、しょうゆだけでもじゅうぶん。ただし、具材の種類が少ない場合は調味料を足して。牛肉チャーハンにはオイスターソース、納豆チャーハンには酒を足すとよいでしょう。

濃いめの味つけは関東風
関東のうどんつゆ

配合（4人分）
だし…6カップ
しょうゆ…1/4カップ
みりん…1/2カップ
塩…少々

作り方
みりんを煮立て、だしとしょうゆを加えてひと煮立ちさせ、塩で味をととのえる。

干ししいたけの風味が親しみやすい味
そうめんつゆ

配合（作りやすい分量）
干ししいたけ…6個
煮干し…12尾
だし…4.5カップ
しょうゆ、みりん…各1カップ
削り節…8g

作り方
干ししいたけ、頭とわたをとった煮干しをだしにつけて3時間おき、火にかけて4カップ量まで煮詰める。残りの調味料と削り節を入れてひと煮立ちさせ、こして冷ます。

しょうゆとだしの話

しょうゆのアミノ酸のうまみと塩味に、削り節に含まれるイノシン酸が加わるとぐっとうまみが強くなります。関西のうどんつゆは、さば節やマルソウダガツオから作られる宗田節などのまろやかな混合だしに、薄口しょうゆで調味されます。関東のそばつゆは削り節やさば節などの味の濃い混合だしに、濃口しょうゆで調味されます。

澄んだだしを味わう関西風
関西のうどんつゆ

配合（4人分）
だし…6カップ
薄口しょうゆ…大さじ3
みりん…大さじ3
塩…少々

作り方
すべての材料をまぜ合わせ、ひと煮立ちさせる。

だしをしっかりきかせて
かけそばつゆ

配合（4人分）
だし…3カップ
薄口しょうゆ…1/4カップ
みりん…大さじ1と1/3
煮干し…15g
塩…少々

作り方
だしに頭とわたを除いた煮干しを入れて30分ほどつけたのち、火にかけて少し煮詰め、残りの調味料を入れてひと煮立ちさせ、こす。

かえしを使った本格派
もりそばつゆ

配合（4人分）
だし…1.5カップ
煮干し…8g
かえし（下記参照）
…1/2カップ
塩…少々

作り方
だしに頭とわたを除いた煮干しを入れて30分ほどつけたのち、火にかけて少し煮詰め、かえしと塩を加えてひと煮立ちさせ、こす。

かえしとは

煮きったみりんと砂糖、しょうゆを合わせたものが「かえし」。ねかせてから使うと調味料の角がとれてまろやかな味に仕上がります。だしでわってもりそばのつけつゆに、そのままで照り焼きのたれや厚焼き卵の味つけに使えます。

夏においしいさっぱり味
基本の冷やし中華

配合（4人分）
鶏ガラスープ…大さじ4
酢…大さじ4
しょうゆ…大さじ4
砂糖…大さじ2
ごま油…大さじ2

作り方
すべての材料をまぜ合わせる。

ねりごまのコクで香ばしい
ごまだれ冷やし中華

配合（4人分）
ねり白ごま…大さじ4～5
しょうゆ…大さじ2
塩…小さじ1/2
酢…大さじ2
水…大さじ2
花椒粉…小さじ2

作り方
すべての材料をまぜ合わせる。
※ 花椒は中国産さんしょうのことでピリッとした辛みとさわやかな香りが特徴のスパイス。粉状のものも市販されている。

やさしい味わいの汁
鶏汁めんのスープ

配合（4人分）
鶏ガラスープ
…8カップ
しょうゆ…小さじ2
塩…小さじ2強
こしょう…少々

手作りはやはり格別な味
しょうゆラーメンスープ

配合（4人分）
鶏ガラスープ…5カップ
しょうゆ…大さじ3
オイスターソース…小さじ1
こしょう…適量
ごま油…小さじ1
ねぎの小口切り…1本分

作り方
なべに鶏ガラスープを煮立ててしょうゆで調味し、残りの材料を加える。

鶏汁めん

材料（4人分）
中華めん…4玉
鶏胸肉…2枚
チンゲンサイ…2株
ねぎ…20㎝
A 酒、かたくり粉
…各大さじ1
塩、こしょう…各少々
鶏汁めんのスープ
（上記配合参照）
サラダ油…大さじ2

作り方
1 鶏肉は細切りにしてAをまぶす。チンゲンサイとねぎは細切りにする。
2 なべにサラダ油を熱し、鶏肉、チンゲンサイの順にいためてスープを加える。
3 スープを煮立て、アクを除き、ねぎを加える。
4 中華めんをゆでて湯きりし、3と合わせて器に盛る。

手羽先で、かんたん鶏スープ

身近な鶏手羽先肉で、手作り鶏スープを作りませんか。塩をして10分おいた手羽先を水と火にかけ、ゆでこぼしたら、ねぎやしょうがなどの野菜と再び水から弱火にかけ、煮立ったら5分ほどで火を止め、30分以上放置したらでき上がり。水1カップに対し、手羽先3本が目安。

定番のごちそうなべ
わが家の味を目ざして

基本のすき焼き

配合（4人分）

わりした

しょうゆ、水…各 1.5 カップ
砂糖…大さじ 3
みりん…3/4 カップ

memo

ごちそう感がたっぷり漂うすき焼きですが、その作り方は地方によってさまざまです。わが家のすき焼きレシピを定着させるのもいいですね。

基本のレシピ

材料（4人分）

牛ロース（すき焼き用）…600g
しらたき…2 袋
焼きどうふ…2 丁
ねぎ…4 本
しゅんぎく…2 束
卵…適量
牛脂…適量
上記配合のわりした

作り方

1 しらたきは食べやすい長さにして下ゆでする。焼きどうふは一口大に切り、ねぎは斜め切り、しゅんぎくは葉先をつんでおく。
2 すき焼きなべを熱し、牛脂を焼いて脂を出す。牛肉を入れてさっと両面を焼きつける。
3 ねぎを加えてわりしたを注ぐ。しらたき、焼きどうふ、しゅんぎくを加え、煮えた順にとき卵にくぐらせて食べる。

関東風のすき焼きわりした

すき焼き 濃い味

配合

しょうゆ、水…各 1.5 カップ
砂糖…大さじ 3
みりん…3/4 カップ

作り方

すべての材料をまぜ合わせ、ひと煮立ちさせる。基本のレシピのとおりにすき焼きのわりしたとして使う。

鶏肉のあっさりすき焼き

とりすき

配合

みりん…大さじ 2
砂糖…大さじ 1
しょうゆ…大さじ 2.5
水…1/2 カップ

作り方

すべての材料をまぜ合わせ、ひと煮立ちさせる。基本のレシピの肉を鶏肉、野菜をごぼう、玉ねぎ、わけぎにしてすき焼きを作る。

少ない煮汁でいため煮するように

すき焼き 煮汁少なめ

配合

酒…大さじ 2
みりん…大さじ 2
しょうゆ…大さじ 2
砂糖…大さじ 2

作り方

少なめの濃いわりしたと、野菜の水分で煮るタイプ。焦げそうなときには水を足しながら使って。

色とりどりの具を
入れて豪華に

寄せなべ

配合

だし…10 カップ
薄口しょうゆ…大さじ 3
酒…大さじ 3
塩…大さじ 1 強

作り方

なべにだしを入れ、弱火にかけてあたため、しょうゆと酒、塩を加えて調味する。

焼く関西、煮る関東

関東ではあらかじめ、だしにしょうゆや砂糖などの調味料をまぜたわりしたを用意して煮る料理。関西では牛脂をとかした鉄なべで牛肉を焼き、砂糖を振り入れ、しょうゆをかけて直接味つけする、まさに牛肉を焼く料理です。

大根おろしを加えて

寄せなべに、大根おろしをたっぷり加えたものを雪見なべと呼びます。あっさりしたあと味と大根おろしののどごしのよさが食欲をそそります。

基本の豆乳なべ

栄養満点、まろやかなコクが人気のおすすめなべ

配合（4人分）

なべつゆ A

- 昆布だし…4カップ
- 白みそ…大さじ4
- 塩…小さじ3/4
- みりん…大さじ1

なべつゆ B

- 豆乳（成分無調整）…2カップ

memo

豆乳が手軽に手に入るようになってから広がったなべです。胃腸にもやさしく、高い栄養素がギュッと詰まったなべは食べたあともすっきり。

基本のレシピ

材料（4人分）

好みの具

- 生鮭、白菜、しゅんぎく、もやし、とうふ、糸こんにゃくなど各適量

上記配合のなべつゆ A、なべつゆ B

作り方

1 好みの具を食べやすい大きさに切る。
2 なべになべつゆ A をあたため、煮えにくい具から順に煮る。
3 具に火が通ったらなべつゆ B を入れ、全体があたたまったらとり分けて。

アジアンもつなべ

ナンプラーの風味で一気にアジアンテイスト

配合

- 鶏ガラスープ…8カップ
- 酒…1カップ
- ナンプラー…大さじ8
- オイスターソース…大さじ4
- 砂糖…大さじ4
- ごま油…小さじ4

作り方

なべに鶏ガラスープと酒を入れてあたため、ほかの調味料を加えて調味する。もつ類は特有のくさみを除くための下ごしらえをして加える。

チャイニーズなべ

チンゲンサイなどの中国野菜を具にして

配合

- 鶏ガラスープ…6〜7カップ
- 酒…1/3カップ
- 砂糖…大さじ1/2
- しょうゆ…大さじ3〜4

作り方

すべての材料をまぜ、3分ほど煮る。

チゲなべ

ピリ辛味の韓国風はクセになる味

配合

- キムチ…250g
- コチュジャン…大さじ2
- 酒…大さじ2
- しょうゆ…大さじ2
- ごま油…大さじ2
- みりん…大さじ1
- おろしにんにく…大さじ1
- 鶏ガラスープ…2カップ

作り方

鶏ガラスープと煮えにくい具をなべにかけてあたため、ほかのすべての調味料を加える。

白チゲなべ

しょうがとにんにくで体のしんからホッカホカ

配合

- 酒…大さじ4
- おろししょうが、おろしにんにく…各大さじ3
- ゆずの皮…少々
- 塩…小さじ2
- 鶏ガラスープ…2カップ

作り方

鶏ガラスープと酒、煮えにくい具をなべにかけてあたため、ほかのすべての調味料を加える。

豆乳なべのアイデア

豆乳なべのつゆは、豆乳とだしだけでもさっぱりしておいしい。豆乳とだしを3：2にしてあたため、まずはでき上がった湯葉を食べます。その後、具材を加えてさっと火を通し、ポン酢でどうぞ。具材は、豚肉、大根、にんじんなどくせのない食材がおすすめ。大根、にんじんは繊維に沿ってピーラーで薄切りにすると煮くずれず、歯ごたえも楽しめます。

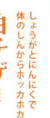

しょうゆで
鍋

なべのつけだれ

シンプルななべ汁のなべは、つけだれが変われば違った味わいに変化します。しょうゆ、酢、いろいろな油、薬味やスパイスを組み合わせて自分の味を見つけてみては？

ベーシックしょうゆだれ

しゃぶしゃぶにイチ押し

配合（4人分）

しょうゆ…1カップ
酒…1/2カップ
りんごのすりおろし…1個分
おろししょうが…2かけ分
おろしにんにく…小さじ4
ねぎのみじん切り…1本分

作り方

すべての材料をまぜ合わせる。

スパイスだれ

エスニックなべにぴったり

配合（作りやすい分量）

クミン（ホール）…大さじ1
花椒…大さじ1
ごま油…大さじ3弱
しょうゆ…1/2カップ
酢…1/4カップ

作り方

フライパンにごま油とクミン、花椒を入れて弱火にかけ、こまかい泡が出てきたら、火を止め、しょうゆと酢を加えてまぜる。

中華だれ

あっさりした野菜もおいしく

配合（4人分）

しょうゆ…大さじ5
オイスターソース…大さじ5
鶏ガラスープのもと…大さじ1
酢…大さじ1
ごま油…大さじ1
すり白ごま…大さじ2
豆板醤…小さじ1
おろししょうが…1かけ分
おろしにんにく…1かけ分

作り方

すべての材料をまぜ合わせる。

トマト酢だれ

脂っこい食材も
あっさり食べられる

配合（作りやすい分量）

玉ねぎのみじん切り
…大さじ1/2
酢…大さじ4
トマト…大2個
塩…適量
ゆずこしょう…適量

作り方

ボウルに玉ねぎを入れ、酢を振る。湯むきしてざく切りにしたトマトを加え、塩、ゆずこしょうを合わせて全体をなじませる。

にんにくしょうゆだれ

和風のだしがきいている

配合（作りやすい分量）

土佐しょうゆ
（作り方 p.35 参照）
…1/4カップ
おろしにんにく…1かけ分

作り方

すべての材料をまぜ合わせる。

ごまだれ

コクと香ばしさで
どんななべにも合う

配合（作りやすい分量）

ねり白ごま…1/3カップ
薄口しょうゆ…大さじ2.5
みりん…大さじ2
酢…1/4カップ
一番だし…1/4カップ

作り方

煮立てただしをほかの材料を合わせたところに少しずつ加え、よくまぜ合わせる。

こしょうレモン

あと口さっぱり
たっぷりつけて

配合（作りやすい分量）

レモン…2個
あらびき黒こしょう
…小さじ1
塩…小さじ1/2

作り方

器に塩とこしょうを入れ、レモンをしぼってまぜる。

チリソース

市販のソースにひと手間かけて

配合（4人分）

スイートチリソース
…大さじ3
ナンプラー…大さじ1.5
レモン汁…大さじ1.5

作り方

すべての材料をまぜ合わせる。

土佐しょうゆ

魚介類のつけしょうゆに合う

配合

しょうゆ…1カップ
だし…1/2カップ
酒…大さじ1強
昆布…少々
削り節…少々

作り方

すべての材料を合わせてひと煮立ちさせ、こして冷ます。

梅肉しょうゆ

青魚に好相性

配合

梅肉…大さじ2
たまりじょうゆ…大さじ1と2/3
しょうゆ…大さじ1
みりん…大さじ1
だし…大さじ1

作り方

しょうゆ、みりん、だしをなべに入れ、ひと煮立ちさせて冷まし、梅肉とたまりじょうゆと合わせる。

貝の梅肉しょうゆ

配合

梅肉…大さじ2
りんごのすりおろし
…大さじ1強
しょうゆ…大さじ2と2/3
酢…小さじ2

作り方

梅肉とりんごをすり鉢であたりながら、調味料を加えてまぜる。

白身の刺し身しょうゆ

さわやかな風味

配合

すだちのしぼり汁…大さじ3
しょうゆ…大さじ3

作り方

すべての材料をまぜ合わせる。

からししょうゆ

魚のくせをやわらげる

配合

しょうゆ…大さじ4
だし…大さじ2
ねりがらし…小さじ2

作り方

すべての材料をまぜ合わせる。

づけしょうゆ

まぐろの赤身をつけ込んで

配合

しょうゆ…大さじ4
煮きりみりん…大さじ4

作り方

すべての材料をまぜ合わせる。

刺し身しょうゆ

市販の刺し身しょうゆは、濃口しょうゆに風味の強いたまりじょうゆや再仕込みしょうゆなどを合わせたものです。家庭でつけしょうゆを作るなら、まず土佐しょうゆを。だしのうまみをきかせた味はどんな魚介にも合います。

土佐しょうゆ：すべての魚介に。

すだちしょうゆ：淡泊な白身魚に。繊細な風味を生かします。

梅肉しょうゆ1：くせのある青魚のつけしょうゆに。

梅肉しょうゆ2：フルーティーなタイプはたこや貝類に。からみやすく、口あたりやわらか。

ポン酢

柑橘の話

柑橘類の果汁は、だいだいやすだちを数種類まぜたほうがおいしいポン酢が作れる。調味料をまぜてしっかりねかせると、味がまろやかに。

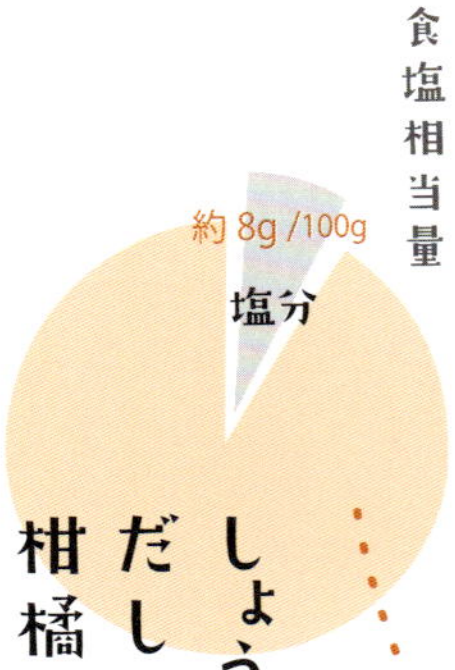

だいだい

すだち

複数の柑橘をまぜて

ポン酢はただのつけだれではない

柑橘類の果汁にだししょうゆを加えた調味料がポン酢。その語源は意外にもオランダ語。オレンジ果汁を使った飲料「ポンス」がその由来だそうです。いまや日本中で愛される調味料となり、しょうゆベース以外にも「塩ポン酢」「トマトポン酢」などが製品化しています。市販品でもおいしいですが、自家製はまた格別。あっさりなべのお供に手作りポン酢を試してみては？

　また、なべのつけだれ以外にも、ソテーやチャーハンなどの料理にも活用できます。同量のケチャップと合わせて砂糖で甘さを足すと酢豚風のいためだれに変身。また、マカロニサラダなどマヨネーズ系のそうざいに加えてもあと味あっさり！

マリネ焼きに

ポン酢とマーマレードを同量でまぜ合わせ、鶏肉をつけ込んでオーブンで焼くと、おしゃれなグリル料理に。

チャーハンに

チャーハンの味つけにも。最後に加えるしょうゆをポン酢に変えればさっぱりチャーハンに。

手作りは抜群のおいしさ

基本のポン酢

配合（作りやすい分量）

果汁…1/2 カップ弱
米酢…1/4 カップ
しょうゆ…1 カップ
みりん…大さじ 2
酒…大さじ 2
昆布（5 ㎝角）…2 枚
削り節…6g

基本のレシピ

作り方

1 みりんと酒を煮きる。
2 密閉容器に果汁、米酢、しょうゆと 1 を入れてまぜ、昆布、削り節を加えて密閉する。
3 冷蔵庫に入れ、2 日ほどおいたら昆布をとり出し、削り節をこしてびんなどに移して保存する。1 ～ 2 週間ほどおいてから使う。

粉とうがらしでピリ辛に

コリアンポン酢

配合（4 人分）

しょうゆ…大さじ 4
酢…大さじ 2
ゆずのしぼり汁…1 個分
みりん…小さじ 1/2
すり白ごま…小さじ 2
粉とうがらし…小さじ 2

作り方

すべての材料をまぜ合わせる。

柑橘の風味が際立つ

塩ポン酢

配合（作りやすい分量）

柑橘類の果汁…80 ㎖
米酢…50 ㎖
塩…小さじ 2
みりん…大さじ 1
酒…大さじ 2
はちみつ…大さじ 1/2
だし…1 カップ

作り方

1 みりん、酒を煮きり、だしと合わせて火にかける。あたたまってきたら塩、はちみつを加えてまぜ、完全にとけたら火を止める。
2 柑橘類の果汁、米酢を加えてまぜ、冷めたらびんなどに移す。冷蔵庫に入れ、1 日ほどおいてから使う。

オレンジで思わず叫ぶほど、うまい！

うまポン酢

配合（作りやすい分量）

しょうゆ…90 ㎖
酢…60 ㎖
オレンジ果汁（みかんでも可）
…大さじ 2
ごま油…大さじ 1

作り方

すべての材料をまぜ合わせる。

ポン酢　アレンジ

わさび

ポテトチップスをわさびポン酢で食べてみて。

ゆずこしょう

ギョーザのたれにおすすめ。

七味とうがらし

なべだれに欠かせないポン酢は七味とうがらしを足すと、さらにエンドレスなおいしさ。

塩

原料と製法の話

原料はもとをたどれば海水だが、大きく分けて海水、海塩、岩塩、湖塩の４つ。製法は大きく分けて煮詰め塩、天日塩、岩塩の３つ。

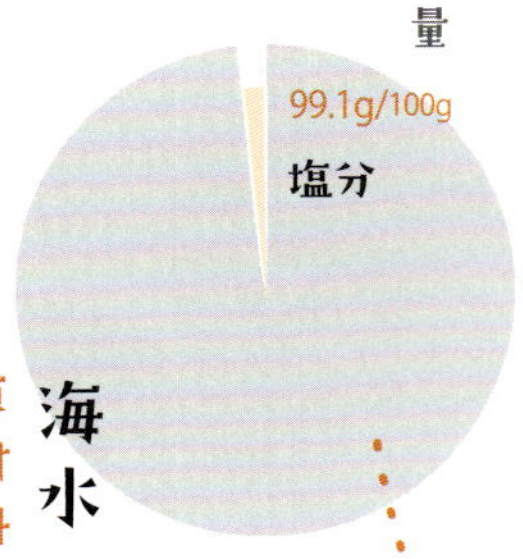

原材料
海水
食塩

海の塩分濃度は約 3%、小さじ１の塩を水１カップにとかした量です。

健康の話

個人差はあるが、塩分と高血圧の関係はよく知られるところ。食塩摂取量の目標値は男性は１日９ｇ未満、女性は１日 7.5 ｇ未満である。

かけがえのない調味料

汗や涙が少ししょっぱいように、もともと体には塩が含まれており、体内で食べ物の消化を助けたり、細胞を健康に保ったり、水分量を一定にしたりと重要な務めを果たしてくれています。調味料の中で、人体に最も必要不可欠なものは塩といっても過言ではありません。

シンプルな調味料ですが、味見をすると種類によってそれぞれ微妙な違いがあり、奥の深いことがわかります。毎日の食事からおいしく塩分をとりましょう。

昔ながらの製塩法が人気

日本では昔から海水を煮詰める方法で製塩してきました。昭和に入り、場所や天候に左右されない大量製造法が開発されましたが、それにより、塩＝塩化ナトリウム＝無味な塩辛さになってしまったともいわれます。

昔の製塩法にはマイルドな甘みとうまみ、しっとりとした手ざわり感があると、今では古代製法である藻焼きや、天日干し製法のものを求める声も増え、多種多様の塩が市販されるようになっています。

ちなみに世界で作られる塩の3分の2以上は岩塩が原料で、日本の塩よりもしょっぱさや辛さがシャープで、

選び方・種類

サラサラ、しっとり、パウダー状、つぶつぶ……と形状はさまざまです。入れすぎは禁物！　さじかげんに注意を。

食塩

ほぼ純粋な塩化ナトリウムで単一な味。最も一般的な家庭用。

オススメ料理
なんにでも

精製塩

食塩よりもサラサラ。水にとけやすく使いやすいので調理全般に。

オススメ料理
なんにでも

あら塩

ミネラル豊富な粒のあらい、精製していない塩。漬け物はまろやかに。

オススメ料理
漬け物
パン作り

天日塩

加熱せず、天日にさらして結晶させた自然塩。いわゆるグルメの塩。外国産がほとんど。

オススメ料理
野菜や
魚の料理

岩塩

地層に含まれている食塩の結晶。ヨーロッパでは一般的。

オススメ料理
肉の料理

とけにくく、かたいのが特徴です。

清めのパワー

人間が塩を使うようになったのは、農耕の始まりがきっかけといわれています。主に肉食動物から塩をとっていたのが、主食が米やひえなどの植物になったことで、体の塩不足が起きたのが原因だそうです。

日本では3000年ほど前、縄文時代末期と推測されます。食用としてだけでなく、神聖なものとして大切に扱われてきた調味料で、葬式から帰ったときに体に振りかける、相撲の取組の前に土俵にまく、祭壇に供えるなど清める力をもつとみなす風習は現在も残っています。

食に関する言葉ではサラダ salad、ソース sauce、ソーセージ sausage、サラミ salami が塩 salt に由来していることがよく知られています。

使い方

下ごしらえに使われることも多い。調味料として塩味をつけたいときは、調味料基本的加え方順「さしすせそ」どおり２番目に。少量ずつ使って。

調理効果

- 腐敗防止。漬け物が代表例

- 水分を引き出す作用。魚や肉の下ごしらえに
- 葉緑素の安定。青菜をゆでるときに
- 甘みを引き出す。小豆あんに少量加える
- グルテンの粘り増加。パンやうどん作りに

保存方法

湿気を吸収して固まりやすいので密閉容器に乾燥剤とともに保存。固まってしまったら、弱火でからいりし、焼き塩にするのも一案。

フレーバーソルト

身近なハーブやスパイス、食材と合わせるだけです。焼いただけ、蒸しただけの野菜や魚、肉につけたり、いつものジュースのグラスの縁につけても。いろいろ試してみましょう。

豚肉のソテーや、蒸し野菜に

シナモンこしょう塩

配合

シナモン（粉末）…小さじ 1
こしょう…小さじ 1/4
塩…大さじ 3

作り方

すべての材料をまぜ合わせる。

煮込んだ野菜や、焼き魚に

タイムごま塩

配合

いり白ごま…小さじ 1
タイム（ドライまたは生）
…小さじ 2
塩…大さじ 3

作り方

ごまとタイムをすり鉢でざっとつぶし、塩を加えてまぜ合わせる。

カレーや冷ややっこに

香菜塩

配合

香菜（葉の部分）…6 枚
塩…大さじ 3

作り方

1 ㎝ほどに刻んだ香菜をすり鉢でざっとつぶし、塩を加えてまぜ合わせる。

大根おろしや天ぷらに

しょうが塩

配合

塩…適量
ジンジャーパウダー…適量

作り方

フライパンで塩をいる。別のフライパンにジンジャーパウダーを入れて軽くいる。すり鉢に合わせて入れ、すりこ木ですりまぜる。

フライドポテトやトーストに振って

クミンレモン塩

配合

クミンシード…小さじ 1
すりおろしたレモンの皮
…小さじ 1
塩…大さじ 3

作り方

クミンシードをすり鉢でざっとすりつぶし、すりおろしたレモンの皮と塩をまぜ合わせる。

ピラフやヨーグルトサラダに

ターメリックガーリック塩

配合

おろしにんにく
…大さじ 1
ターメリック…小さじ 2
塩…大さじ 3

作り方

すべての材料をまぜ合わせる。

パスタや野菜のソテーに

ペペロン塩

配合

赤とうがらし…小さじ 1/4
おろしにんにく…大さじ 1
塩…大さじ 3

作り方

赤とうがらしとおろしにんにくをすり鉢ですりつぶし、塩を加えてまぜ合わせる。

エスニック料理向き。フォーなどに加えて

ミント塩

配合

ミント…1/2 カップ
塩…大さじ 3

作り方

ミントをすり鉢でざっとつぶし、塩を加えてまぜ合わせる。

抹茶塩

白身魚の天ぷらに

配合

塩…大さじ 3
抹茶…大さじ 1

作り方

塩をいって粉末状にすり、抹茶をすり合わせる。

ゆず塩

鶏のから揚げに

配合

塩…大さじ 3
ゆず（粉末）…小さじ 1/2
一味とうがらし…小さじ 1/2

作り方

塩をいって粉末状にすり、ゆず、一味とうがらしをすり合わせる。

乾燥ゆずの作り方

作り方

1 ゆず（2 個）は半分に切って中身をくりぬく。皮は 4 等分して、せん切りにする。
2 ざるに広げて天日干しする。
3 カラカラに干し上げる。
4 フードプロセッサーで粉末状にし、乾燥剤といっしょに密閉容器に入れて保存する。

ごま塩

定番の組み合わせ

配合

塩…大さじ 3
いり黒ごま…大さじ 1

作り方

塩をいって粉末状にすり、いり黒ごまをまぜ合わせる。

さんしょう塩

川魚の焼き物や揚げ物に

配合

塩…大さじ 3
粉ざんしょう…大さじ 1

作り方

塩をいって粉末状にすり、粉ざんしょうをすり合わせる。塩と粉ざんしょうは同量ずつでもよい。

青じそ塩

しその風味を生かしておにぎりに

配合

自然塩…大さじ 3
乾燥させた青じそ…大さじ 1

作り方

青じそはパリパリになるまで乾燥させる。フライパンで塩をいる。すり鉢に合わせて、すりこ木でつぶしながらすりまぜる。

七味塩

脂ののった刺し身や揚げ物に

配合

塩…大さじ 3
七味とうがらし…小さじ 1/2

作り方

塩をいって粉末状にすり、七味とうがらしをまぜ合わせる。

紅茶塩

バニラアイスや蒸し鶏に

配合

自然塩…大さじ 3
紅茶葉…大さじ 1

作り方

フライパンで塩をいる。別のフライパンに紅茶葉を入れて軽くいる。すり鉢に合わせて入れ、すりこ木ですりまぜる。

塩の保存食

塩をすることで、食材から余分な水が出て、味が凝縮します。また、保存性も高くなるので、1切れ多く買ってしまったときなどに活用しましょう。すぐに塩をして冷蔵すれば、翌日から違った食材の味わいが楽しめます。

塩ぶり

塩をすり込むときは皮目にもしっかりすり込んで。ぶり独特のくさみがやわらぐので、よりうまみが引き立ちます。食べごろは翌日からで冷蔵庫で3～4日は保存可能。酒少々で洗ってから焼くほか、凝縮したうまみを生かして煮物やなべ物にしましょう。

塩きのこ

大きめに裂いたきのこをさっとゆでて塩漬けにします。冷蔵庫で約1週間保存可能。味が凝縮し、ぷりっとした弾力が出ておいしくなります。パスタの具にしたり、だしを生かして汁物に使ってみて。

塩が保存食に使われる理由

塩は細菌の増殖を抑える効果があることから、古来より保存食作りに使われてきました。保存食を作るときは食材全体に塩が行き渡るようにするのがポイントになります。材料にくっつきやすいこまかい塩を選び、食塩などサラサラしたタイプを使う場合は少し湿らせて、なじみやすくして使います。

塩豚

豚肉は買ってきた当日に塩をしましょう。日ごとにうまみが凝縮していき、冷蔵庫で5日ほど保存可能。2日目までは肉本来の味はあまり変わらないのでソテーにして。3日目以降はコクが増し、風味にも変化が出るのでパスタの具やいため物に。4日目以降はゆで塩豚がおすすめ。熟成した肉のほうがスープはおいしいので、料理に活用してください。

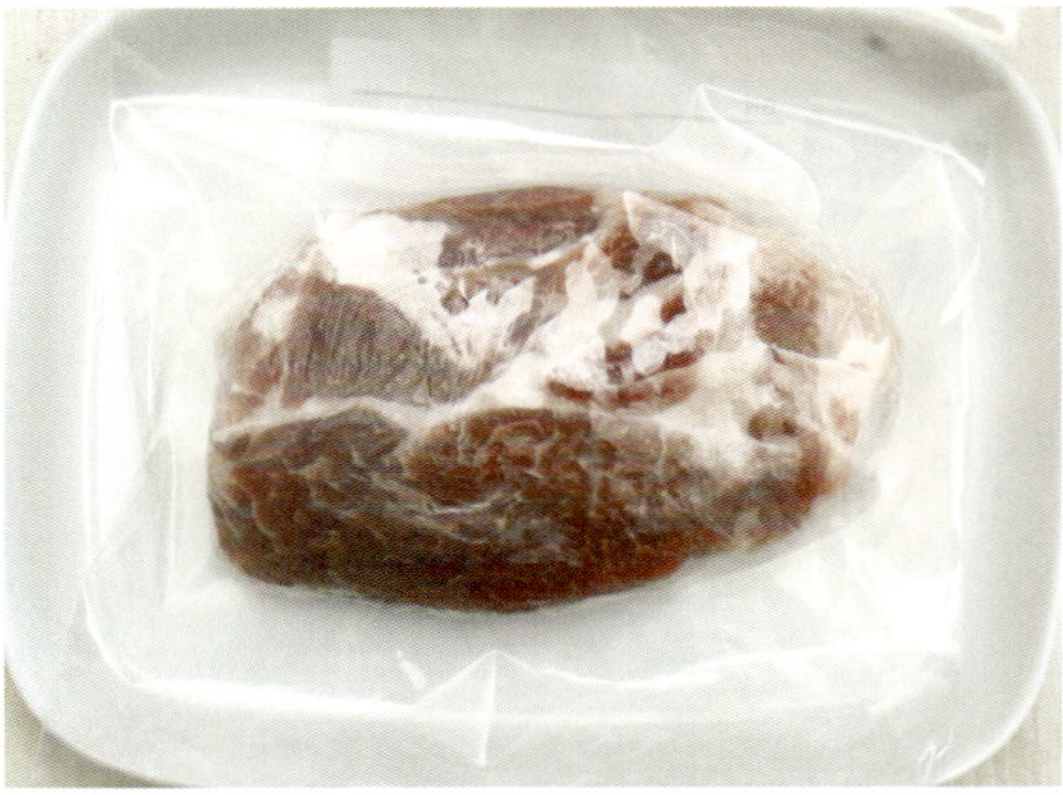

酢

Vinegar

酢

日本の酢

酢は、果物や穀物が原料。世界各国にいろいろな酢がある。稲作中心の日本では、米を原料とした酢が古くから造られていた。

食塩相当量

0g/100g

原材料

米　米麹

米酢

玄米

白米

酢の原料となる米

米の話

うるち米は米酢や穀物酢、玄米は、玄米酢や黒酢の原料となる。黒酢の黒い色は、酢のアミノ酸が熟成して変化した色。

酸っぱいだけじゃない

日本食の代表であるすし、その語源は〝酢し〟という説があります。すしのおいしさはすしめしで決まるといわれるように、酢が大事な役割を担っています。

日本では米酢、穀物酢、黒酢などを使い分けて調理に利用。よく耳にするすし酢、二杯酢、三杯酢やドレッシングなどにも多用されています。

種類や使われ方が違っても、酢の風味で料理がさっぱり、あっさりし、疲労回復、食欲増進効果があるという点は共通しています。また、酸味だけでなく、うまみやコクもあり、ほかの調味料や素材の味を引き立ててくれる調味料といえるでしょう。

酒の種類＝酢の種類！

酢は人間が手を加えて造った最古の調味料といわれていますが、簡単にいえば酒を発酵させたもの。原料となる穀物類、果実類の糖分をアルコール分に変え、そのアルコール分に酢酸菌を加えて発酵させたものが酢です。つまり、酒の種類＝酢の種類と考えれば、世界中に何千種類もの酢があることになります。

たとえば、ワインの産地ならワインビネガー、ビールが盛んな国ならモルトビネガー、中国にはもち米で造る紹

選び方・種類

醸造酢は原料によって種類があり、それぞれの特徴が違います。果実酢とともに、料理に合わせて使い分けを。

穀物酢

麦や大麦、とうもろこしなどが原料。くせがなく幅広い料理に。

オススメ料理
なんにでも

米酢

米が原料。酸味、甘み、うまみとコクがある。和食全般、煮物にも。

オススメ料理
酢の物
煮物

黒酢

原料は玄米（一部麦）。味わいが濃く、しょうゆと相性がよい。中華料理に。

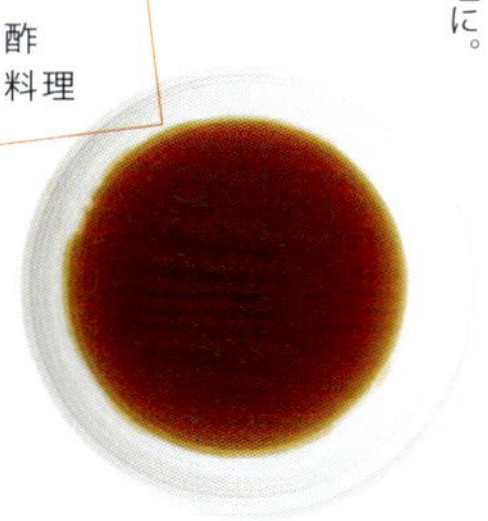

オススメ料理
つけ酢
中華料理

りんご酢

りんご果汁をアルコール発酵させて醸造。芳醇な甘みと香り。マリネやドレッシングに。

オススメ料理
洋食
飲料

バルサミコ酢

長時間熟成させたワインを原料とするイタリア独特の酢。豊かなコクがある。

オススメ料理
いため物
サラダ

ワインビネガー

ぶどう果汁をアルコール発酵させて醸造。引き締まった酸味。赤と白がある。

オススメ料理
サラダ
マリネ

興酒がありますが、そのもち米を原料とした香酢が有名です。

クレオパトラも愛飲？

紀元前5000年ごろ、古代バビロニアでナツメヤシ、干しぶどうから酢が造られたという記述が残っています。あのエジプトのクレオパトラが美貌を保つために愛飲していたともいわれ、アンチエイジングが叫ばれる昨今、毎日の健康飲料としても注目されています。

日本には400年ごろ、酒造りの技術と前後して中国から伝わったとされ、奈良時代には高級調味料として、また薬として重宝されていました。鎌倉時代に多く調理に使われるようになり、江戸時代にはみそ、しょうゆとともに庶民に普及、合わせ酢も広まり、現代にいたっています。

使い方

酸味をつけたいときに加える。ほかの調味料や食材と合わせて使うことで、角がとれた味になる。加熱すると味が大きく変化するため、幅広い味に変身可能。

調理効果

- 防腐、殺菌効果があり、食べ物を傷みにくくする
- 褐変《かっぺん》を防ぐ作用。れんこんやごぼうのアク抜きに利用される

- においを消し、素材のうまみを引き出す作用
- 塩の味を引き立たせる効果。塩が控えめでも味がしっかりするため、減塩効果がある
- たんぱく質の凝固促進。ゆで卵を作るときに

保存方法

冷暗所、できれば冷蔵庫で保存して。醸造酢は風味が変わりやすいため、早めに使いきること。使う量を考えて購入しよう。

覚えておくと便利な基本の配合

基本のピクルス

配合（作りやすい分量）

ピクルス液

- 酢…1/2 カップ
- 白ワイン…1/4 カップ
- 水…1/4 カップ
- 砂糖…大さじ 3
- 塩…大さじ 1

ハーブ類

- ローリエ…1 枚
- 赤とうがらし…小 2 本
- 黒こしょう…小さじ 1

memo

冷蔵庫の半端野菜で簡単に作れるのがピクルスのうれしいところ。意外な野菜がおいしく食べられたりします。ピクルス液の配合やハーブを変えて自分好みの味を探してみましょう。

基本のレシピ

材料（作りやすい分量）

好みの野菜

- きゅうり 1 本、パプリカ 1 個、ズッキーニ 1 本、セロリ 1 本など

上記配合のピクルス液、ハーブ類

作り方

1 なべにピクルス液の材料を入れ、ひと煮立ちさせる。
2 野菜は下ごしらえして好みの大きさに切る。
3 2をバットに並べてハーブ類を散らす。
4 1のひと煮立ちさせたピクルス液を3にかけ、冷めるまでおいて味をなじませる。

甘すぎない、さっぱり味

あっさりピクルス

配合（作りやすい分量）

- 酢…1/4 カップ
- 白ワイン…1/4 カップ
- 水…1/4 カップ
- 砂糖…大さじ 2
- 塩…小さじ 1
- にんにくの薄切り…2 枚
- ローリエ…1 枚
- 黒粒こしょう…5 ～ 6 粒
- 昆布…5 cm角

作り方

昆布以外のすべての材料をなべに入れ、ひと煮立ちさせる。熱いうちに下ごしらえした野菜にかけ、昆布も加える。

昆布のうまみがしみてくる

和風ピクルス

配合（作りやすい分量）

- 塩…少々
- 酢…1 カップ
- しょうゆ…大さじ 4
- 昆布…5 cm角

作り方

すべての材料をまぜ合わせ、下ごしらえした野菜を漬ける。

じゃがいもを漬けても

白ワインのピクルス

配合（作りやすい分量）

- 白ワイン…2 カップ
- 米酢…1 カップ
- ローズマリー…2 枝
- 白粒こしょう…小さじ 1
- 塩…適宜

作り方

すべての材料をなべに入れ、ひと煮立ちさせる。熱いうちに下ごしらえした野菜を漬ける。

すし酢で気軽に作って

かんたんすし酢ピクルス

配合（作りやすい分量）

- すし酢…3/4 カップ
- レモンのしぼり汁…1/2 個分
- レモンの皮の細切り…1/2 個分

作り方

すべての材料をボウルに合わせ、さっとゆでた野菜を熱いうちに加える。

じゃがいもや卵でも

野菜以外に、ゆでたじゃがいもや卵をピクルスにするのもおすすめ。風味や色を生かしてスパイスを選びましょう。白こしょうは風味が上品で色も控えめなので活用を。

手作りらっきょうにチャレンジ

基本のらっきょう

配合（らっきょう塩漬け 200g 分）

砂糖…1/3 カップ
酢…1/2 カップ

作り方

塩漬けにしたらっきょうを酢大さじ 2 で洗うようにし、酢を捨てる。保存容器に洗ったらっきょう、砂糖と残りの酢を入れて漬ける。

家庭で作れる簡単バージョン

即席しば漬け

配合（きゅうり 2 本＋なす 4 本分）

下漬け液
塩…40g
水…2.5 カップ

本漬け液
梅酢…1/4 カップ
水…1 と 1/4 カップ

作り方

みょうが適量は半割り、青じそ適量は 4 等分に切り、きゅうりとなすは乱切り、しょうが適量は薄切りにする。下漬け液に 1 日漬けたらしぼって本漬け液に 1 時間以上漬ける。

大根などの淡泊な野菜で

ゆず漬け

配合（大根 1/3 本分）

ゆず…1/2 個
砂糖…大さじ 1
酢…大さじ 2

作り方

ゆずは皮をむいて 5 ㎜角に切り、果肉は汁をしぼる。ゆずのしぼり汁と砂糖、酢で大根の拍子木切りをあえ、ゆずの皮を散らす。

あっさり味は食事やお酒のお供に

しょうが酢漬け

配合（きゅうり 4 本分）

しょうが酢
（作り方左記参照）
…1 カップ
しょうゆ…小さじ 2
ごま油…小さじ 1

作り方

すべての調味料をまぜ合わせ、液とする。きゅうりをたたいて割り、ごま油（分量外）でさっといためて液に漬ける。

しょうが酢

材料（でき上がり約 2 カップ分）

米酢…1 カップ
しょうが…100g
砂糖…1/2 カップ
塩…小さじ 1

作り方

1 しょうがはせん切りにし、さっとゆでてざるに上げる。
2 1 をボウルに入れ、米酢、砂糖、塩を加えてまぜ合わせ、保存容器に移す。

らっきょうアレンジ

甘酢漬け以外にもアレンジを楽しんで（らっきょうの塩漬け 500g を塩抜きして使用）

塩酢漬け

塩15g、水1と1/4カップ、赤とうがらし1本を煮立てて冷まし、酢大さじ4を合わせてらっきょうを漬ける。

はちみつ漬け

水、はちみつ各1カップ、酢1/2カップをまぜながら煮立てて冷まし、らっきょうを漬ける。

ハーブ漬け

水、酢、砂糖各1カップをまぜながら煮立てて冷まし、らっきょうと好みのハーブ（ディルやタイム）とともに漬ける。

野菜のマリネ液

あっさりと野菜の味を生かす

配合（作りやすい分量）

白ワインビネガー…大さじ 3
赤とうがらしの小口切り
…大さじ 1/2（1 本分）
サラダ油…大さじ 5
砂糖…大さじ 1/2
ローリエ…1 枚
塩、こしょう…各適量

作り方

すべての材料をまぜ合わせてマリネ液とする。好みの野菜を下ごしらえしてさっとゆでて、マリネ液につけ込む。

肉のマリネ液

濃い肉の味を食べやすく

配合（作りやすい分量）

赤ワイン…大さじ 2
オリーブ油…大さじ 4
にんにくのみじん切り…大さじ 1/4
トマト（5 ㎜角）…大さじ 4.5
玉ねぎのみじん切り…大さじ 2
パセリのみじん切り…大さじ 1/2
塩、こしょう…各適量

作り方

すべての材料をまぜ合わせる。生食用の牛肉や、フライにした豚肉などをつけ込む。

しめさば

塩でしめたさばをつけ込むだけ

配合（さば半身分）

穀物酢…1.5 カップ
水…1/2 カップ
砂糖…大さじ 1
薄口しょうゆ…大さじ 1
すだちの薄切り…2 枚

作り方

すべての材料をまぜ合わせる。さばに塩をして水分をふきとり、上下を返しながら 30 分ほどつける。

魚のマリネ液

魚のくさみを抑えて

配合（魚 4 尾分）

白ワイン…1/2 カップ
白ワインビネガー…1/2 カップ
ローリエ…1 枚
タイム…1 本
塩…小さじ 1/3
黒粒こしょう…少々

作り方

なべにすべての材料を合わせ、中火で 3 分間煮る。塩、こしょうしてそぎ切りにした魚（にしんなど）と、細切りにしたにんじん、玉ねぎ各適量といっしょにつけ込む。

洋風のすしだね液

手まりずしに活用して

配合
（スモークサーモン 8 枚分）

洋風すしだね液

煮きりみりん…大さじ 2
レモン汁…大さじ 2
砂糖…大さじ 1.5
塩…小さじ 1/2

作り方

すべての材料をまぜ合わせる。スモークサーモンにまわしかけ、5 分くらいつけ込む。

サーモンの手まりずしレシピ

材料（4人分）

酢めし…2 合分
万能ねぎ…8 本
洋風のすしだね液につけた
スモークサーモン
（作り方右記参照）…8 枚

好みで…

クレソン少々

作り方

1 万能ねぎを熱湯でさっとゆで、水けをしぼる。
2 酢めしを 8 等分して丸くにぎり、洋風のすしだね液につけたサーモンを巻いて万能ねぎで結ぶ。クレソンを差し込むとより風味がよい。

マリネの下準備

野菜類は食べやすい大きさに切ってさっとゆでてつける。魚介類は刺し身用のものをつけて。肉は牛肉なら生食用のものをつけても。ほかの肉類なら衣をつけ、揚げてからつけるとよい。

魚介のマリネ液

配合
（ゆでだこの足 3 本分）

酢…大さじ 2
塩、こしょう…各少々
マスタード…小さじ 1
オリーブ油…大さじ 3

作り方

すべての調味料をまぜ合わせ、マリネ液とする。そぎ切りにしたたこをさっとオリーブ油（分量外）でいためてからマリネ液とあえる。

何度でも食べたくなる定番の味

基本の南蛮酢

配合（作りやすい分量）

南蛮酢

- 酢…1/2 カップ
- 水またはだし…1/2 カップ
- 砂糖…大さじ 2
- しょうゆ…小さじ 2
- 塩…小さじ 1/2

memo

材料をまぜ合わせるだけで作れる南蛮酢の基本配合です。病気で食欲のないとき、夏バテの時季などにもあっさりと食べられるのでおすすめ。

基本のレシピ

材料（作りやすい分量）

あじ…3 尾
玉ねぎ…1/2 個
みょうが…2 個
上記配合の南蛮酢
しょうゆ、小麦粉、揚げ油…各適量

作り方

1 上記配合すべての材料をまぜ合わせ、南蛮酢を作る。
2 あじは三枚におろし、半身を 3 等分にしてしょうゆをかけ、小麦粉をまぶす。玉ねぎとみょうがは薄切りにする。
3 1 の南蛮酢に 2 の野菜類を加える。
4 揚げ油を 170℃に熱し、2 のあじをこんがりと揚げて、熱いうちに 3 に 3 時間くらいつけ込む。
5 器に盛り、好みで青じそを盛る。

小魚だけでなく、揚げなすでもおいしい

梅南蛮酢

配合（作りやすい分量）

黒酢…1/4 カップ
水…1/4 カップ
はちみつ…大さじ 3
酒…大さじ 3
しょうゆ…大さじ 1
梅干し…4 個
針しょうが…1 かけ分

作り方

梅干し、しょうが以外の材料をなべに入れて火にかけ、煮立ったら火からおろして冷まし、梅干しを加える。具をつけ込み、仕上げに針しょうがを盛る。

あっさりした魚の風味を生かす

白身魚用南蛮酢

配合（4 人分）

だし…180 mℓ
しょうゆ…150 mℓ
みりん…60 mℓ
酢…60 mℓ
赤とうがらし…3 ～ 4 本

作り方

すべての材料をまぜ合わせる。小麦粉をまぶして揚げた白身の魚、ししとうがらしなどをつけ込む。

しょうゆをきかせても

肉の南蛮酢

配合（薄切り肉 300g 分）

南蛮酢

- 酢…大さじ 4
- だし…大さじ 4
- しょうゆ…大さじ 3
- 砂糖…大さじ 2
- 赤とうがらしの小口切り…1 本分

作り方

基本のレシピ参照。魚を肉の薄切りにする。

具の色を生かしたいなら薄口しょうゆを使って

鮭の南蛮酢

配合（生鮭 4 切れ分）

南蛮酢

- 塩…小さじ 1
- こしょう…少々
- 酢…3/4 カップ
- 薄口しょうゆ…大さじ 1
- だし…1 カップ
- 赤とうがらしの小口切り…1 本分

作り方

基本のレシピ参照。あじを鮭に、野菜をセロリ、ねぎ、にんじんにする。

いろいろ南蛮

魚が定番の南蛮漬けですが、なすや豚肉でもおいしく作れます。淡泊ななすで作るなら黒酢を使ったコクのある南蛮酢で。豚肉ならしょうゆと砂糖のしっかりきいた濃いめの南蛮酢で漬けて。

黒酢 ＋ なす

砂糖、しょうゆ ＋ 豚肉

酢で
和える

三杯酢でほどよい甘さ
基本の酢の物

三杯酢

配合（作りやすい分量）

しょうゆ…1
酢…1
みりん…1

memo

ほんのり甘い三杯酢は、海藻や野菜など、うまみの少ない具材向きの合わせ酢。たこや小魚など魚介が多いなら二杯酢でもおいしい。

基本のレシピ

材料（4人分）

きゅうり…2本
わかめ（塩蔵）…20g
しらす干し…大さじ4
塩…小さじ1
三杯酢（作り方上記参照）
針しょうが…少々

作り方

1 わかめは洗って熱湯をかけて冷水にとり、水けをきってざく切りにする。きゅうりは薄切りにする。
2 きゅうりを塩でもみ、水けをしぼる。
3 しょうが以外の材料をすべて三杯酢であえ、器に盛り、針しょうがを飾る。

野菜や塩でしめた魚のあえ物に
土佐酢

配合（作りやすい分量）

だし…3
酢…2
薄口しょうゆ…1
みりん…1

作り方

すべての材料を指定の割合で合わせ、ひと煮立ちさせて冷ます。

酢の物全般に使える
二杯酢

配合（作りやすい分量）

しょうゆ…1
酢…1

作り方

調味料を指定の割合で合わせ、ひと煮立ちさせて冷ます。

ほどよい甘みで、あっさりした味わい
黄身酢

配合（作りやすい分量）

卵黄…2個分
酢…大さじ1.5
みりん…大さじ2
塩…少々

作り方

小なべに材料を入れてまぜ合わせ、湯せんにかけてまぜる。とろみがついたら火を止めて冷ます。

昆布酢

酢に甘みとうまみが加わった万能調味料。しょうゆを少し加えれば、すぐ酢の物の合わせ酢として使えて便利です。

材料（作りやすい分量）

酢…2カップ
砂糖…大さじ6
塩…小さじ2
昆布（2.5㎝角に切る）…40g

作り方

1 なべに昆布以外の材料を煮立てて冷ます。
2 保存びんに昆布を入れ、**1**を加えてつけ込む。

鶏肉やえびをあえて
エスニック甘酢

配合（作りやすい分量）

ナンプラー…大さじ4
砂糖…大さじ4
水…1/2カップ
米酢…大さじ4
にんにくのみじん切り…3かけ分
赤とうがらしの小口切り…3本分

作り方

小なべに砂糖と水を合わせて煮とかし、すべての材料を合わせてよくまぜる。

鶏のさっぱりグリルレシピ

材料（4人分）
鶏もも肉…2枚
香菜…1束
白髪ねぎ…1本分
上記配合のグリルソース
塩、こしょう…各少々

作り方
1 上記配合のすべての材料をまぜ合わせてグリルソースを作る。
2 鶏肉は塩、こしょうしてグリルで両面焼く。香菜は刻んでおく。
3 焼き色がついたら、1のグリルソースにくぐらせてアルミホイルで包み、火を止めたグリルの余熱で蒸す。
4 3を一口大に切り、ねぎと香菜をのせ、残ったグリルソースをかける。

香味野菜をたっぷり添えて 鶏肉のさっぱりグリル

配合（鶏もも肉2枚分）
グリルソース
しょうゆ…大さじ2
酢…大さじ2
砂糖…小さじ1
赤とうがらしの小口切り…小2本分

最後に酢を加えてすっきり味に ぶりのさっぱり照り焼き

配合（ぶり4切れ分）
しょうゆ…大さじ2
みりん…大さじ2
しょうが酢（作り方p.47参照）…大さじ4

作り方
フライパンでぶりを両面きつね色に焼いてとり出す。同じフライパンでしょうゆとみりんを合わせて少し煮詰め、しょうが酢をまぜる。ぶりを戻し入れて全体をからめる。

酢の効果でパリパリ&ジューシー サワーチキンソテー

配合（鶏もも肉2枚分）
にんにく…大2かけ
塩…小さじ3
こしょう…少々
オリーブ油…大さじ4
米酢…大さじ6
ローズマリー…4枚

作り方
にんにくをつぶし、すべての調味料と合わせて鶏もも肉をつけ込む。フライパンで出てくる脂をふきとりながら焼き、パリッと仕上げる。

つけだれ

牛肉や赤身の魚のグリルに エスニックソース

配合（作りやすい分量）
にんにくのみじん切り…2かけ分
ねぎのみじん切り…1/2本分
赤とうがらしの小口切り…2本分
ナンプラー…大さじ4
酢…大さじ4
レモン汁…大さじ1
こしょう…少々
砂糖…ひとつまみ
ごま油…大さじ1

作り方
ごま油を熱してにんにく、赤とうがらし、ねぎをいためる。香りが出たら火を止め、残りの調味料をまぜる。

焼きそばや焼き魚に添えて 青とう酢

配合（作りやすい分量）
青とうがらし…10本
米酢…1カップ

作り方
青とうがらしを小口切りにし、種ごと米酢に一晩以上つける。

焼いた白身の魚、鶏肉、貝類、きのこに 和風ごま酢だれ

配合（作りやすい分量）
いり白ごま…大さじ2
酢…大さじ4
砂糖…小さじ2
しょうゆ…大さじ1
塩…小さじ1/4
ねりがらし…小さじ1

作り方
すべての材料をまぜ合わせる。

中華の定番おかず

基本の酢豚

memo

家庭での中華料理はむずかしいと考えがちですが、基本を知っていると思ったよりもずっと簡単。中華おかずの中でも人気の高い酢豚を得意料理にしてください。

基本のレシピ

材料（4人分）

豚もも肉（角切り）…300g
玉ねぎ…1個
ピーマン…2個
ゆでたけのこ…120g
にんじん…80g
干ししいたけ…4個
にんにくの薄切り…1/4かけ分
左記配合の
　下味、いためだれ、水どきかたくり粉
かたくり粉、揚げ油…各適量
サラダ油…大さじ1

作り方

1 干ししいたけは水でもどし、そぎ切りにする。豚肉に下味をからめる。ほかの野菜は食べやすい大きさに切る。
2 豚肉にかたくり粉をまぶし、160℃の揚げ油に入れ、少しずつ火を強めて揚げる。ピーマンはさっと素揚げする。
3 フライパンにサラダ油を熱し、にんにく、玉ねぎ、1のしいたけ、たけのこ、にんじんの順に加えながらいため、いためだれを加える。
4 水どきかたくり粉を加えてとろみをつけ、2の肉とピーマンを加えてまぜる。

基本の酢豚

配合（4人分）

下味
しょうが汁…小さじ1/2
しょうゆ、酒…各小さじ2

いためだれ
トマトケチャップ…大さじ4
砂糖…大さじ5
しょうゆ…大さじ2
塩…小さじ1/2
鶏ガラスープ…1/2カップ
酢…大さじ2

水どきかたくり粉
かたくり粉小さじ2　水小さじ4

作り方

基本のレシピ参照。

最後にまぜるだけ かんたん酢豚

配合（4人分）

トマトジュース…大さじ3
砂糖…大さじ3
酢…大さじ2
塩…少々
しょうゆ…大さじ1
酒…大さじ1
オイスターソース…小さじ1
かたくり粉、水…各大さじ1/2

作り方

かたくり粉を水でとき、ほかの調味料と合わせてなべに煮立てる。基本のレシピを参照に、揚げた肉と油通しした野菜を加えてあえる。

黒酢の色もごちそう 黒酢酢豚

配合（4人分）

下味
おろししょうが…大さじ1
酒…大さじ1
しょうゆ…大さじ1
こしょう…少々

いためだれ
酒…大さじ1
砂糖…大さじ2
黒酢…大さじ3
しょうゆ…大さじ1/2
塩…ふたつまみ

作り方

基本のレシピ参照。野菜は加えず、豚肉だけで仕上げてもおいしい。

揚げる？焼く？

一気に仕上げたいいため物の場合、豚肉は前もって加熱を。衣をつけて揚げればこってりした仕上がりに、油をひかないフライパンで焼けば、すっきりした仕上がりになります。

魚介のバルサミコいため

いかやえびのいためだれに

配合（4 人分）

にんにくのみじん切り
…1 かけ分
サラダ油…大さじ 1
酒…大さじ 2
塩、こしょう…各少々
バルサミコ酢…大さじ 2

作り方

フライパンにサラダ油とにんにくを熱し、魚介類を加えていため、酒、塩、こしょう、バルサミコ酢の順に加えていため合わせる。クレソンやセロリを加えてもおいしい。

魚介の白ワインビネガーいため

貝類のいためだれに

配合（4 人分）

いためだれ 1
白ワイン…大さじ 2
塩…適量

いためだれ 2
白ワイン…大さじ 2
白ワインビネガー…大さじ 2

バター…15g
にんにくの薄切り…1/2 かけ分

作り方

フライパンにバターとにんにくを熱し、魚介類を加えていため、いためだれ 1 を振ってとり出す。あいたフライパンでいためだれ 2 を煮詰め、魚介類にかける。

ダークチェリービネガーいため

レバーなどのくせのある肉に

配合（4 人分）

赤ワインビネガー
…大さじ 1.5
ダークチェリー（缶詰）
…150g
ダークチェリーの缶汁…1/2 カップ
塩、こしょう…各少々
バター…大さじ 2

作り方

フライパンで肉をいため、赤ワインビネガー、缶汁、ダークチェリーの実の順に加えながらさらにいため、塩、こしょうする。仕上げにバターを加えて全体をあえる。

香菜いため

香菜は半生に仕上げて

配合（香菜 2 株分）

にんにくのみじん切り…大さじ 1
オリーブ油…大さじ 4
アンチョビーのみじん切り…大さじ 1
酢…大さじ 1

作り方

酢以外の材料をフライパンでいため、香りが出たら、ざく切りにした香菜を加えてまぜ、火を止める。塩、こしょう各適量で調味し、仕上げに酢をまわしかける。

じゃがいもシャキシャキいため

じゃがいもの食感を残して

配合
（じゃがいも大 2 個分）

酢…大さじ 1
塩…小さじ 1/2
砂糖…小さじ 1
サラダ油…大さじ 1.5

作り方

フライパンにサラダ油を熱し、せん切りにして水にさらしたじゃがいもを入れていため、酢、塩、砂糖の順に加えて調味する。

黒酢いため

バラ肉など脂ののった肉をいためて

配合（4 人分）

黒酢…大さじ 2
甜麺醤…大さじ 1
塩…小さじ 1/4
酒…大さじ 1

作り方

すべての材料をまぜ合わせておく。肉や野菜などの具をいため、たれを加えて全体をからめる。

火を止める前と後

酢は加熱すると味がまろやかになります。香菜いためのように酸味を生かしたい場合は火を止めてから加えましょう。じゃがいもいためのようにまろやかな味にしたい場合は中火でじっくり加熱して。

前

後

鶏肉と卵の組み合わせがおすすめの酢煮

肉のにんにく酢煮

配合（鶏手羽元 8 本）

煮汁

- にんにく…1 かけ
- しょうがの薄切り…3 枚
- 酢…1/2 カップ
- しょうゆ…1/2 カップ
- 砂糖…大さじ 3

memo

にんにくと酢で煮る料理はあっさりした味わいで幅広い年齢層に好まれます。好みの肉や野菜で応用してみてください。

手羽元のにんにく酢煮

材料（4 人分）

鶏手羽元…8 本
上記配合の煮汁
ゆで卵…2 個
万能ねぎの小口切り…適量

作り方

1. 煮汁のにんにくは包丁で半分につぶしてなべに入れ、ほかのすべての材料と鶏手羽元、殻をむいたゆで卵を加えて落とし蓋をし、弱火で 20 分ほど煮込む。
2. 卵を半分に切り、鶏肉と器に盛る。万能ねぎを散らす。

角切りの豚肉がおすすめ

肉のバルサミコ煮込み

配合（豚肉 400g 分）

ベース

- サラダ油…小さじ 2
- 赤とうがらし…2 本
- 玉ねぎのみじん切り…1/2 個分

煮汁

- バルサミコ酢…大さじ 2
- 水…2 カップ

調味料

- しょうゆ…大さじ 3.5
- 紹興酒または酒…大さじ 2
- 砂糖…大さじ 2.5

作り方

なべにベースの材料を入れていため、さっと焼いた豚肉と煮汁を加え、20 分ほど煮込んで調味料を加え、とろみがつくまで煮詰める。

頭と腹わたを除いた魚を骨ごと煮て

魚のさっぱり煮

配合（魚 500g 分）

煮汁

- ねぎのぶつ切り…2 本分
- しょうがの薄切り…10g
- 穀物酢…1/2 カップ
- しょうゆ…1/2 カップ
- 砂糖…大さじ 3
- 水…1/2 カップ

作り方

なべにすべての煮汁の材料を煮立て、魚（いわしなど）を加える。再び煮立ったら中火にして 10 分ほど煮る。

えびやほたて貝柱で

魚介の黒酢煮

配合（えび 10 尾分）

煮汁

- 黒酢…1/4 カップ
- はちみつ…小さじ 1
- しょうゆ…小さじ 1/2
- 水…小さじ 1
- ごま油…小さじ 1

水どきかたくり粉

- かたくり粉小さじ 1　水小さじ 2

作り方

なべに煮汁の材料を合わせ、油通ししたえびを入れて火にかける。少し煮込んだら、水どきかたくり粉を加える。玉ねぎやピーマンを加えてもおいしい。

鶏肉と豚肉の話

淡泊な鶏肉はくせのない穀物酢の煮汁が合います。豚肉は脂の多い部位なら黒酢やバルサミコ酢など風味の強い酢の煮汁が好相性です。

えびの黒酢煮

酢豚の黒酢味を煮物にアレンジ。こってりしすぎないよう、魚介類を主役にしてもおいしくでき上がります。

こしょうの辛みと酢の酸味がマッチ

基本のサンラータン

基本のレシピ

材料（4人分）

豚薄切り肉…100g
干ししいたけ…もどして2個
えのきだけ…50g
にんじん…30g
とうふ…1/2丁
卵…1個
A　塩、こしょう…各少々
　　酒、かたくり粉、ごま油…各小さじ1
上記配合のスープ、調味料、
　水どきかたくり粉、仕上げ

作り方

1 豚肉は細切りにしてAをからめて下味をつける。
2 しいたけは薄切り、えのきだけはほぐし、にんじんはせん切りにする。とうふは野菜に合わせて細切りにする。
3 なべにスープを煮立て、1の肉を入れ、色が変わったらとうふ以外の具材を加えて煮る。火が通ったらとうふと調味料を加え、水どきかたくり粉でとろみをつける。
4 煮立ったら卵を溶いて流し入れ、仕上げを加える。

配合（4人分）

スープ
鶏ガラスープ…4カップ
調味料
酒…大さじ1
しょうゆ…大さじ1
塩…小さじ1/2
こしょう…小さじ1/2
水どきかたくり粉
かたくり粉大さじ2　水大さじ4
仕上げ
酢…大さじ2
ラー油…適量

酢で辛さをまろやかにして

カレーサワースープ

配合（4人分）

コンソメスープ…4カップ
カレー粉…大さじ2
バター…15g
サラダ油…大さじ1
酢…大さじ4
好みの具
　（ベーコンや野菜など）…適量

作り方

なべにサラダ油、バターを入れて好みの具をいため、カレー粉を加えてよくいためる。コンソメスープを加えて煮、仕上げに酢を加えてひと煮立ちさせる。

肉と酢を煮て基本の味を作って

さっぱりポトフ

配合（4人分）

スペアリブ…4本
酢…1/2カップ
水…6カップ
顆粒スープのもと…小さじ1/2
ローリエ…2枚
塩…ふたつまみ
こしょう…適宜
好みの野菜…適量

作り方

なべにスペアリブと酢を入れて煮立て、水と顆粒スープのもと、ローリエ、好みの野菜を加えて弱火で煮る。仕上げに塩、こしょうで味をととのえる。

酸っぱくて辛いアジアの代表的スープ

トムヤムクン

配合（4人分）

スープ
赤とうがらし…4本
香菜の根の小口切り…4株分
しょうがの薄切り…8枚
ライムの皮のみじん切り
　…大さじ4
仕上げ
ライムのしぼり汁…2個分
ナンプラー…大さじ6
好みの具（えび、セロリ、香菜など）

作り方

なべにスープの材料をすべて合わせて煮立て、好みの具を入れる。具に火が通ったら火を止め、仕上げの調味料を加える。

トムヤムクンをなべに

酸味のきいたスープは、具材を増やしてなべ料理にアレンジしても。えびやあさり、白菜、トマト、セロリなどの具がおすすめです。ナンプラーとレモンをつけだれに、香菜を薬味にしてどうぞ。

ほんのり甘くて、懐かしいさっぱり味

基本の野菜ちらし

基本のレシピ

材料（4人分）

ごはん…3合分
干ししいたけ…6個
好みで…
卵焼き、いくらのしょうゆ漬け、貝割れ菜など各適量
左記配合の野菜ずしのすし酢
砂糖、しょうゆ…各大さじ2.5

作り方

1 干ししいたけは水でもどし、軸を除く。なべにもどし汁1カップとしいたけを入れ、砂糖を加えて15分煮る。しょうゆも加え、煮詰める。
2 1を薄切りにする。卵焼きは1.5㎝角に、貝割れ菜は2㎝長さに切る。
3 炊きたてのごはんに野菜ずしのすし酢を加えて切るようにまぜ、しいたけも加えてすしめしにする。
4 3を器に盛り、具材を彩りよく飾る。

干ししいたけとにんじんを具にしたすしに

野菜ずしのすし酢

配合（ごはん3合分）

酢…大さじ5
砂糖…大さじ2
塩…小さじ1.5

作り方

すべての材料をまぜ合わせる。炊きたてのごはんにまわしかけ、切るようにまぜ、冷めないうちに甘辛く煮た野菜もまぜ込む。

にぎりずしはちらしずしより塩をきかせて

にぎりのすし酢

配合（ごはん3合分）

酢…大さじ5
砂糖…大さじ3と1/3（30g）
塩…小さじ2.5（15g）

作り方

すべての材料をまぜ合わせる。炊きたてのごはんにまわしかけ、切るようにまぜる。

ライスサラダ感覚の味つけ

洋のすし酢

配合（ごはん3合分）

酢…大さじ3
砂糖…大さじ3
塩…小さじ1
レモン汁…大さじ1.5
レモンの皮のすりおろし…少々

作り方

すべての材料をまぜ合わせる。炊きたてのごはんにまわしかけ、切るようにまぜる。オリーブやアンチョビーを具にするのがおすすめ。

お揚げ（作り方p.15参照）に詰めて、手作りいなりを

いなりずし用すし酢

配合（ごはん3合分）

酢…大さじ5
砂糖…大さじ2.5
塩…小さじ1.5

作り方

すべての材料をまぜ合わせる。炊きたてのごはんにまわしかけ、切るようにまぜる。

すしめしいろいろ

いなりや手巻きずしも少しアレンジしたすしめしにするとバリエーションが広がって新鮮な味に変わります。（3合分のごはんに対しての分量）

梅すしめし
梅びしお（p.158）大さじ1、酢大さじ5、塩少々をまぜてすし酢にする。炊きたてのごはんと合わせる。

ゆずすしめし
ゆず果汁大さじ5、砂糖大さじ1・5、塩小さじ1をまぜてすし酢にする。炊きたてのごはんと合わせる。

香りすしめし
市販のすし酢大さじ6とごはんを合わせて酢めしを作り、青じそ5枚分としょうが1かけ分のみじん切り、いり白ごまをまぜ込む。

ギョーザのつけだれ

定番の酢じょうゆ以外に、好みや具材に合わせていろいろなたれを楽しんでみては？ 酸味や辛みのある、あと口をすっきりさせる調味料を加えるのがポイントです。

おろしレモン

白身の魚のギョーザに

配合
大根おろし…200g
レモンのしぼり汁…2 個分
塩…小さじ 1/2
ごま油…大さじ 2

作り方
すべての材料をまぜ合わせる。

豆板醤ごま酢

海鮮類のギョーザに

配合
黒酢…大さじ 4
すり白ごま…大さじ 2
豆板醤…小さじ 2
ごま油…大さじ 2

作り方
すべての材料をまぜ合わせる。

定番酢じょうゆ

お好みで配合をかげんして

配合
酢…小さじ 2
しょうゆ…大さじ 1
ラー油…適量

作り方
すべての材料をまぜ合わせる。

トマトしょうゆ

うまみと酸味のたれ。
鶏肉のギョーザに

配合
トマトジュース…大さじ 2
しょうゆ…大さじ 1

作り方
すべての材料をまぜ合わせる。

コチュジャンマヨ

食べやすいマヨネーズだれ

配合
マヨネーズ…大さじ 1
コチュジャン…小さじ 1

作り方
すべての材料をまぜ合わせる。

わさび酢

おとなの味。
定番の豚肉ギョーザで試して

配合
米酢…大さじ 2
わさび…小さじ 1/2
ごま油…大さじ 1/2
刻みねぎ…少々

作り方
わさびを米酢でとき、残りの材料を加えてまぜ合わせる。

酢ごしょう

こしょうを多めに。
あと口すっきり

配合
米酢…大さじ 1
こしょう…小さじ 1/2

作り方
すべての材料をまぜ合わせる。

梅オリーブ油

和洋折衷のたれ

配合
酢…大さじ 2
梅肉…大さじ 2
オリーブ油…小さじ 2

作り方
すべての材料をまぜ合わせる。

シンプルサラダのドレッシング

野菜だけのベーシックなサラダでも、ドレッシングを工夫すれば華やかな一皿になります。和洋中の献立に合わせて、アレンジしてみてください。

覚えておきたい王道のレシピ 基本のフレンチドレッシング

配合

ワインビネガー…1/2 カップ
サラダ油…1 カップ
塩…小さじ 1
あらびき白こしょう…小さじ 1/4

作り方

すべての材料を泡立て器でまぜ合わせる。

ピリッと辛いマスタードがアクセント マスタードドレッシング

配合

白ワインビネガー
…大さじ 2
マスタード
…大さじ 1/2
塩、こしょう…各適量
サラダ油…1/4 カップ

作り方

サラダ油以外の材料をまぜ合わせ、最後に糸をたらすようにサラダ油を加えながらまぜる。

レストランの味 シーザードレッシング

配合

フレンチドレッシング
（作り方右記参照）…1/2 カップ
玉ねぎのみじん切り…大さじ 1
にんにくのみじん切り…1 かけ分
アンチョビーのみじん切り…3 枚分
粉チーズ…大さじ 2
レモン汁…大さじ 1
白ワイン…大さじ 1
卵黄…1 個分
ケッパー…4 粒
ねりがらし…小さじ 1/2

作り方

すべての材料をなめらかになるまでよくまぜる。

定番のキャベツサラダに。白菜でもおいしい コールスロードレッシング

配合

酢…大さじ 2
マヨネーズ…大さじ 2
オリーブ油…大さじ 1
塩…小さじ 1
こしょう…少々

作り方

すべての材料をまぜ合わせる。

りんご酢で手作りカッテージチーズ

材料（作りやすい分量）

牛乳…2 カップ
りんご酢…1/4 カップ

作り方

1 なべに牛乳を入れて火にかけ、60℃になるまで加熱する。
2 40℃になるまで冷まし、りんご酢を加えて木べらでよくまぜる。
3 とうふ状になったら、よくしぼったぬれぶきんを敷いたざるに入れて軽くしぼる。

カリカリベーコンドレッシング

オニオンスライスや、トマトにかけて

配合

白ワインビネガー…大さじ 2
サラダ油…1/2 カップ
にんにくのみじん切り…大さじ 1/3
ベーコンのあらみじん切り…1 枚分
パセリのみじん切り…大さじ 1/2
塩、あらびき黒こしょう…各適量

作り方

サラダ油、にんにく、ベーコンをなべに入れ、香ばしいカリカリベーコンとカリカリにんにくを作ってあら熱をとり、ワインビネガー、パセリ、塩、あらびき黒こしょうを加えてまぜる。

和風ドレッシング

シンプル配合で、どんなサラダにも

配合

酢…大さじ 2
しょうゆ…大さじ 2
サラダ油…1/4 カップ

作り方

すべての材料をまぜ合わせる。

アボカドドレッシング

緑がきれいな、クリーミードレッシング

配合

アボカド…2 個
レモンのしぼり汁…1 個分
塩…小さじ 1/3
こしょう…少々
サラダ油…大さじ 2

作り方

アボカドは縦半分に切り、種を除いて皮をむき、3 cm幅に切る。フードプロセッサーに材料すべてを入れ、攪拌《かくはん》する。

オニオンドレッシング

玉ねぎの風味とうまみでリッチな味

配合

玉ねぎのみじん切り…大さじ 4
塩、黒こしょう…各少々
マスタード…小さじ 2
レモン汁…大さじ 1
白ワイン…大さじ 1
オリーブ油…大さじ 3

作り方

材料を順に入れてまぜ、最後にオリーブ油を少しずつ入れながらよくまぜる。

エスニックドレッシング

香菜を加えると、さらに本格派

配合

ライムのしぼり汁
…大さじ 4
ナンプラー…大さじ 1
水…大さじ 1
砂糖…大さじ 1/2

作り方

すべての材料をまぜ合わせる。

中華ドレッシング

ごま油の風味がきいている

配合

酢…大さじ 2
しょうゆ…大さじ 2
いり白ごま…大さじ 1/2
ごま油…1/4 カップ
サラダ油…1/4 カップ

作り方

酢、しょうゆ、ごまをまぜ、ごま油とサラダ油を、糸をたらすように加えながらまぜる。

同じ野菜のサラダでもドレッシングで変化

たとえ1個のトマトでも、和洋中の献立に作り分けることができます。

洋：輪切り＋オニオンドレッシング＋パセリ

和：湯むきして種をとって角切り＋和風ドレッシング

中：くし形切り＋中華ドレッシング＋白髪ねぎ

魚介サラダのドレッシング

魚介類、お刺し身などが主役の前菜サラダ。どんな魚を使うかで、ドレッシングも変化させて。ワインにぴったりのフルーティーなものから、ごはんに合うみそ味まで。

しっかり酸っぱいドレッシング 赤身の魚のドレッシング

配合
レモン汁…大さじ 8
しょうゆ…大さじ 8
ごま油…大さじ 1
こしょう…少々

作り方
すべての材料をまぜ合わせる。

わさびじょうゆをアレンジ わさびドレッシング

配合
おろしわさび…小さじ 2
しょうゆ…大さじ 2
レモン汁…大さじ 2
サラダ油…大さじ 3

作り方
すべての材料をまぜ合わせる。

ごはんに合うおかずサラダに みそドレッシング

配合
みそ…大さじ 3 ～ 4
ごま油…1/3 カップ
米酢…1/3 カップ
七味とうがらし…小さじ 1/2 ～ 1

作り方
ボウルにみそとごま油を入れ、よくときほぐし、そこに米酢、七味とうがらしを加えてまぜる。

やわらかいフルーツの酸味 キウイドレッシング

配合
フレンチドレッシング
（作り方 p.58 参照）…1 カップ
キウイ…1 個
レモン汁…大さじ 1
はちみつ…大さじ 1

作り方
キウイは角切りにし、すべての材料をまぜ合わせる。

赤身の魚には

味が濃くくせの強い赤身の魚をサラダに使うなら、しっかりした酸味のあるドレッシングを合わせるとくさみが気になりません。

白身の魚には

淡泊な味の白身魚をサラダに使うなら、酸味がやわらかいドレッシングを。魚の身が水っぽければ塩で少し締めて。

干物もサラダに

干物の風味は、みそ味のドレッシングにぴったり。焼いてほぐした干物を、ねぎや青じそ、クレソンなどの香味野菜とさっくりあえて。

穀類のサラダのドレッシング

とうふや穀物など、淡泊な食材には複雑な味のドレッシングを合わせて。合わせる野菜もトマトやきゅうり、さやいんげんなど色がはっきりしたものを合わせてめりはりを。

ひき肉ドレッシング

とうふなどの淡泊な素材に

配合

豚ひき肉（赤身）
…100 g
にんにくのみじん切り
…1 かけ分
米酢…大さじ 3
しょうゆ…大さじ 3
こしょう…適量
サラダ油…大さじ 2

作り方

なべにサラダ油とにんにくを入れて火にかけ、香りが立ったら、ひき肉を加えてカリカリになるまでいためる。火を弱めて米酢、しょうゆを加え、こしょうを多めに振る。

地中海ドレッシング

豆類や雑穀のサラダに

配合

オリーブ油…大さじ 6
白ワインビネガーまたは酢
…大さじ 3
塩…小さじ 1
あらびき黒こしょう…少々
ドライハーブ…小さじ 1/3
カレー粉…少々

作り方

すべての材料をまぜ合わせる。ドライハーブは好みのものを。

肉のサラダのドレッシング

肉類のサラダには味のしっかりしたほうれんそうやしゅんぎくなどがおすすめ。生で食べづらければ、アツアツに熱したドレッシングをかけるとほどよくしんなりします。

カレードレッシング

冷しゃぶサラダに

配合

カレー粉…大さじ 1/3
レモン汁…大さじ 1
トマトケチャップ…大さじ 1
おろしにんにく…小さじ 1/3
オリーブ油…1/3 カップ

作り方

カレー粉はからいり、またはオーブンでじっくり香りを立たせてから、ほかの材料とまぜる。

オニオンじょうゆドレッシング

ローストビーフのたれにも

配合

レモン汁…大さじ 2.5
玉ねぎのみじん切り…大さじ 2
塩…小さじ 1/3
あらびき黒こしょう…適量
しょうゆ…少々
サラダ油…大さじ 4

作り方

すべての材料をまぜ合わせる。

アツアツドレッシング

鶏肉や豚肉のサラダに

配合

ごま油…大さじ 2
にんにくのすりおろし
…小さじ 1
しょうゆ…大さじ 3
酢…大さじ 3

作り方

小なべにごま油とにんにくを入れて火にかけ、香り立ったらほかの調味料を加えてひと煮立ちさせ、熱々をサラダにかける。

デザート酢

野菜やフルーツを使ってオリジナル酢を作りましょう。
いつもの料理に使うほか、ジュースや炭酸で割って楽しんでください。

トマト酢

材料（作りやすい分量）

米酢…1/2 カップ
トマト…2 個
塩…小さじ 1
こしょう…少々

作り方

1 トマトはへたをくりぬき、皮ごとすりおろす。
2 耐熱容器に 1 を入れ、ラップをして電子レンジで 3 分加熱する。
3 2 に調味料をすべて加えまぜ、保存容器に移す。すぐに使える。

りんご酢

材料（作りやすい分量）

りんご…300g
氷砂糖…300g
純米酢…1.5 カップ

作り方

1 りんごは洗って皮つきのままくし形切りにする。
2 保存容器に 1 のりんごと氷砂糖を順に加え、純米酢を注ぐ。
3 氷砂糖がとけ、りんごが浮いてきたら飲みごろ。

バナナ黒酢

材料（作りやすい分量）

バナナ…1 本
黒砂糖…100g
黒酢…1 カップ

作り方

1 バナナは皮をむいて輪切りにする。
2 耐熱性の保存容器に 1 のバナナと黒砂糖を入れ、黒酢を注ぐ。
3 電子レンジで 30 ～ 40 秒加熱し、室温で半日ほどおいてから使う。

味噌

Soybean paste

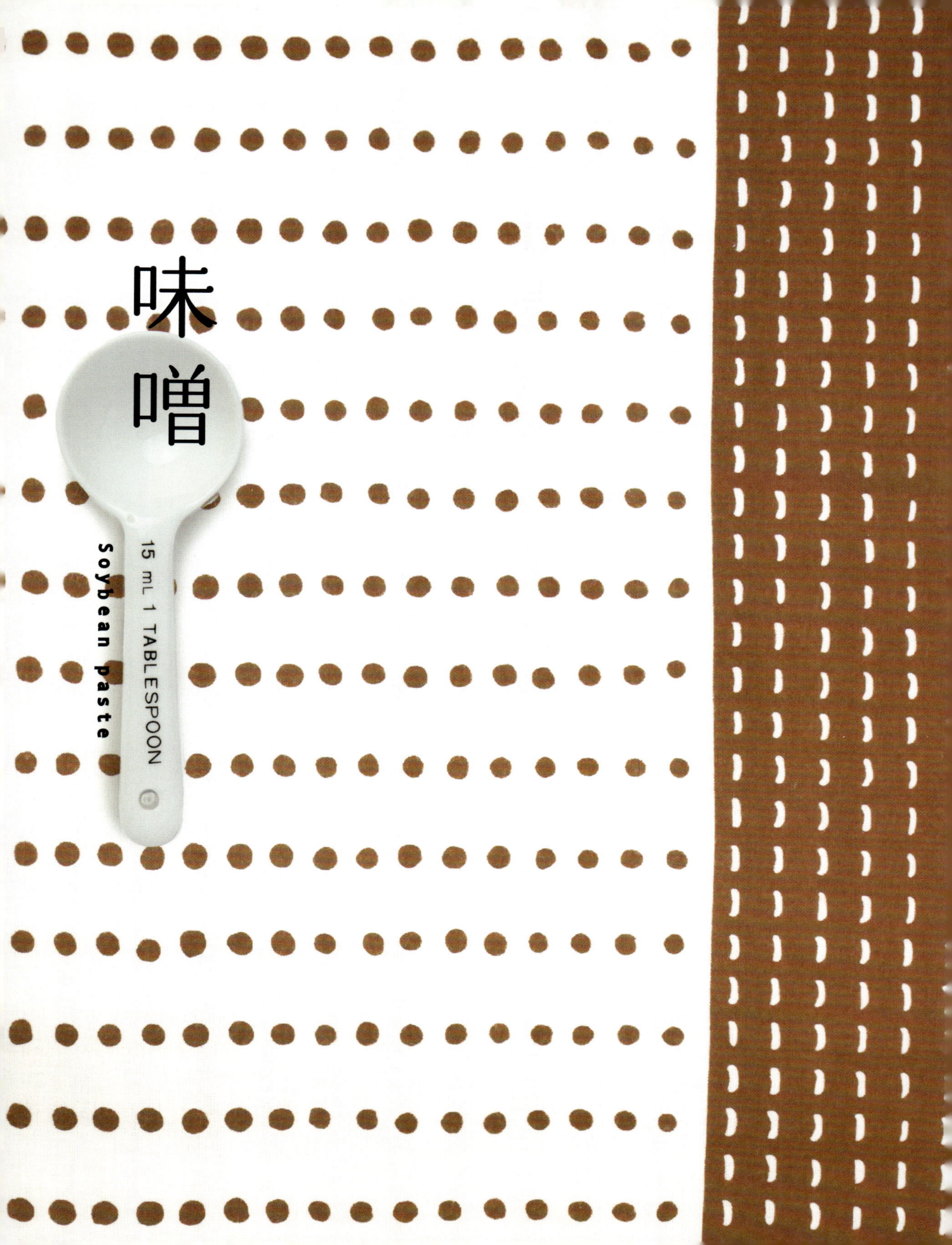

味噌

栄養の話

みそに含まれるカルシウムやビタミンB群には、精神を安定させる効果があるとされる。みそ汁を飲むとほっとするのは栄養の効果？

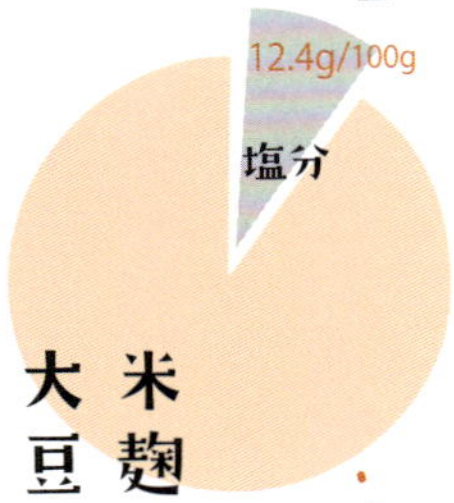

原材料 米麹 大豆

米みそ／淡色辛みそ

米

大麦

大豆

米はさっぱり、麦はしっとり、豆はどっしり。麹の種類で、でき上がりのみその味が異なる。

麹の種類がみその種類

みその味は、麹の種類と大豆に対する割合で決まる。甘い西京みそは、大豆より米麹を多く配合している。

ごはんといえばみそ汁

鎌倉時代、食事の献立は一汁一菜。汁はみそ汁、菜はおかずのことで、それにごはんと漬け物となります。これでも庶民にはぜいたくなメニューで、通常はおかずはなしで、ごはん、みそ汁、漬け物の三点セット。いずれにせよ、みそ汁は日本人にとって、はずせない食べ物でした。

江戸時代には「医者に金を払うよりも、みそ屋に払え」といわれていたようで、各地の風土に合わせ、工夫を重ねて造り出されたみそは健康食でもありました。

〝手前みそ〟のことばのとおり、各家庭で自家製のみそを造って自慢するほどに広まっていったのです。

地方色豊かな健康調味料

みその主原料は大豆と、米または麦。しょうゆと同じく、麹菌と塩を加えて発酵、熟成させたものです。

原料で分けると、米、豆、麦、調合みその４つで麹の材料で異なってきます。色だと白、淡色、赤、さらにそれぞれに濃淡があります。味で分けると甘みそ、甘口みそ、辛みそとなり、きりがありません。

みそに含まれる成分ががんの防止効果、胃潰瘍防止効果があるとわかり、消化促進作用、毒素分解作用、老化防止効果まであるといわれ、世界的にも注目を浴びています。

選び方・種類

市販のみそのコーナーは驚くほどの種類が並んでいます。味の異なるみそを合わせて使っても、より深い味わいに。

米みそ（甘）

この種の代表格が西京白みそ。まろやかで軽い甘い香りが特徴。

オススメ料理
焼き物
京料理

米みそ（辛・淡色）

いわゆる信州みそがこれ。さっぱりとしたうまみ、さわやかな香り。

オススメ料理
あっさり
みそ汁

豆みそ

東海地方が主な産地の八丁みそ。濃厚なうまみと渋み、特有の香り。

オススメ料理
赤だし

麦みそ

九州地方でよく使われる。甘口の淡色、辛口の赤、どちらも麦特有の香り。

オススメ料理
田舎風
みそ汁

米みそ（辛・赤）

仙台みそが有名。濃厚なうまみと調和した辛み、発酵の深い香り。

オススメ料理
煮物
田楽

みそ文化の継承

起源は中国大陸にあるといわれ、日本では飛鳥時代にまでさかのぼります。みそ汁として登場したのは室町時代で戦国時代にはカロリー源の米と栄養源のみそが必需品となり、武田信玄が信州みそ、伊達政宗が仙台みそを奨励したといわれています。

近年は朝食もパンが好まれるようになり、インスタントみそ汁やだし入りみそなどの新商品が開発され、みそ離れを止めようと努力が続けられています。全国各地の郷土みそを試しながら、みそ汁に限らず、少し加えるだけでまろやかさとコク、深みのある料理にかえてくれるみそをどんどん料理に活用しましょう。

使い方

みそ汁以外にも、隠し味的に利用したり、魚や肉のみそ漬け、みそいためなどに。バター、マヨネーズ、牛乳と合わせれば洋風料理にも。

調理効果

- 隠し味としての効果。まろやかさ、コク、独特のうまみ、深みをプラスできる
- 消臭効果。とくに魚のくさみ消しに。さばのみそ煮は代表例

保存方法

空気に触れないように冷蔵保存。数種類のみそを密閉容器にいっしょに保存する場合は、仕切りに昆布を使うと味わいもプラスされて◎。

定番のみそ煮。甘辛味でごはんにぴったり

基本のさばみそ

配合（さば1尾分・約700g）

調味料
- みそ…大さじ4～5
- 砂糖…大さじ1.5～2
- 酒…1/2カップ
- みりん…大さじ4～5

煮汁
- 水…1.5カップ
- しょうがの皮のせん切り…1かけ分

memo
火が通りやすく、味がしみ込みやすいように切り込みを入れましょう。盛りつけたときの見た目もきれいです。

基本のレシピ

材料（4人分）
さば（二枚おろし）…1尾分
上記配合の調味料
　　　　　煮汁

好みで…
- わけぎ、しめじ…各適量

作り方
1. 調味料をまぜ合わせる。
2. さばは片身を半分に切り、皮目に2本の切り込みを入れる。
3. ボウルに2を入れて、熱湯をかけ、流水で洗って水けをふく。
4. フライパンに配合の煮汁と調味料の半量を入れて煮立て、3を並べて落とし蓋をし、中火で10分煮る。
5. 好みの野菜と残りの調味料を加えて3分ほど煮汁をかけ煮つめながら煮る。

ピリッとさんしょうをきかせて

さんしょう さばみそ

配合（さば1尾分）
- みそ…大さじ1.5
- しょうゆ…大さじ1
- 砂糖…大さじ2
- 酒…1/2カップ
- しょうがの薄切り…1かけ分
- 実ざんしょう…少々
- 水…1/2カップ

作り方
みそは半量を残し、ほかのすべての材料を合わせて煮立て、さばを入れて煮る。残したみそ半量はあとから加える。

甘くてこってりした味に

八丁みその さばみそ

配合（さば1尾分）

調味料
- 八丁みそ…大さじ4
- みりん…大さじ4
- しょうゆ…大さじ2

煮汁
- 酒…大さじ4
- 砂糖…大さじ4
- しょうがの薄切り…2かけ分
- だし…1カップ

作り方
煮汁を煮立て、さばを入れて煮、調味料を加え、さらに2～3分煮る。

ねりごまでコクをプラス

ごま さばみそ

配合（さば1尾分）
- みりん…大さじ6
- しょうゆ…大さじ3
- みそ…大さじ3
- ねり白ごま…大さじ4
- 砂糖…大さじ2
- 水…3カップ

作り方
すべての調味料と水を合わせて煮立て、さばを入れて煮る。

口あたりさっぱりの新さばみそ

梅 さばみそ

配合（さば1尾分）
- 梅干し（種を除き、ちぎる）…4個
- 水…2カップ
- 酒…1カップ
- みりん…1カップ
- 砂糖…大さじ4
- みそ…大さじ8

作り方
みそは半量を残し、ほかのすべての調味料を煮立て、さばを入れて煮る。残りのみそはあとから加える。

さばみそいろいろ

さばみそは気候に合わせてアレンジしてみては？暑い日には梅干しを入れたさっぱり編、肌寒い日にはごまでコクを加えた編を。つけ合わせになすやきのこを添えても季節感が出ます。

寒い日

暑い日

基本のふろふき大根

材料（4人分）
大根…1/2 本
昆布…10 ㎝
酒…1/4 カップ
好みの配合のみそ

作り方
1. 大根は 3 ㎝厚さの輪切りにし、皮を厚めにむき、十文字の切り込みを入れる。
2. なべに 1、昆布、酒を入れてかぶるぐらいの水を注ぎ、弱火で 50 分ほど煮る。
3. 大根の汁けをきって器に盛り、みそをかける。

レンジ加熱で簡単時短 肉みそ
ふろふき大根

配合（大根 1/2 本分）
ひき肉…200g
みそ…大さじ 5
砂糖…大さじ 4
酒…大さじ 2

作り方
すべての材料をまぜ合わせ、ラップをかけて電子レンジで 4 分加熱する。いったんとり出してよくまぜ、ラップをかけずに再び電子レンジで 3 分ほど加熱する。

ねりごま風味でこってり 赤ごまみそ
ふろふき

配合（大根 1/2 本分）
赤みそ…100g
だし…大さじ 3
砂糖…大さじ 3
酒…大さじ 2
ねり白ごま…大さじ 1

作り方
小なべにすべての材料を入れ、弱火にかけてとろりとなるまでねり上げる。

名古屋名物のモツ煮 土手煮

配合（豚モツ 400g、大根 1/2 本分）

調味料
赤みそ…100g
三温糖…60g
しょうがの薄切り…大 1 かけ分

煮汁
酒…1/2 カップ
水…1.5 カップ

作り方
煮汁に具材を入れて火にかけ、火が通ったら調味料を加えてゆっくり煮詰める。

みそで煮込むとくせがやわらぐ モツのごま
みそ煮込み

配合（豚モツ 400g、大根 1/2 本分）

調味料
みそ…大さじ 3
酒…大さじ 5
すり黒ごま…大さじ 2
みりん…大さじ 2
しょうゆ…大さじ 1
七味とうがらし…小さじ 1/3

煮汁
水…5 カップ
酒…大さじ 3
にんにくの薄切り…4 かけ分
しょうがの薄切り…1 かけ分

作り方
煮汁に具材を入れて火にかけ、火が通ったら調味料を加えてゆっくり煮詰める。

にんじんやこんにゃくを加えても モツの
みそ煮込み

配合（豚モツ 400g、大根 1/2 本分）
だし…5 カップ
みそ…130 ～ 150g
酒…大さじ 2

作り方
なべにだしを入れて火にかけ、下ごしらえをしたモツや大根を加えて煮る。煮えたら、みそと酒を加えて軽く煮込む。

モツは牛すじでも

豚モツ以外に、さっとゆでた牛すじでもおいしく作れます。酒とともに赤ワイン1/4カップ程度を隠し味で加え、みそを半量にして、かわりにしょうゆで味をととのえて。

モツのくさみ消しに

豚モツはゆでたものが売られていることが多いですが、くさみが気になるときはぬるま湯でもみ洗いして使います。煮汁にたっぷりとしょうがを加えて煮るとさらに食べやすい。

しょうが

ごはんがすすむ！定番のつけ焼き

基本の西京焼き

配合（作りやすい分量）

みそ床

西京みそ…100g
酒…大さじ 2
砂糖…大さじ 1

memo

さわらやたいなど白身の魚のほか、豚肉や鶏肉もおすすめ。とくにりんごみそ床は肉との相性がよく、つけたりんごもいっしょにソテーすれば、つけ合わせにもなります。

基本のレシピ

材料（4人分）

さわら…4 切れ
上記配合のみそ床
塩…小さじ 1/2
サラダ油、みりん…各少々

作り方

1 さわらに塩を振って 30 分ほどおく。水けをふきとり、まぜ合わせておいたみそ床に 3 日ほどつける。
2 さわらをとり出し、まわりのみそだれを洗い流して水けをふく。
3 アルミホイルにサラダ油を薄く塗って 2 を並べ、グリルで 8 分ほど焼く。焼き上がったらハケでみりんを塗る。

漬け床以外に、いため物の味つけにも

玉ねぎみそ床

配合（作りやすい分量）

玉ねぎのみじん切り…1 個分
みそ…180 ～ 200g

作り方

材料をまぜ合わせ、約 1 時間おいてなじませる。豚肉やかじきをつけて焼く。

りんごの自然な甘みがやさしい

りんごみそ床

配合（作りやすい分量）

みそ…1 カップ
酒かす…1 カップ
りんごのすりおろし…1/2 個分
りんごの薄切り…1/2 個分
酒…1/4 カップ

作り方

材料をまぜ合わせ、約 1 時間おいてなじませる。豚肉や鶏肉をつけて焼く。

甘酸っぱい、さわやかな味

梅みそ床

配合（作りやすい分量）

みそ…100g
砂糖…80g
みりん…大さじ 5
梅肉…小さじ 2

作り方

耐熱容器に梅肉以外の材料をまぜる。ラップをせず、電子レンジで 1 分加熱し、とり出してまぜる。これを 3 回繰り返す。あら熱がとれたら梅肉をまぜる。たいなど白身の魚をつけ込んで焼く。

甘くないので男性にも好まれる味

しょうがみそ床

配合（作りやすい分量）

みそ…1 カップ
みりん…1/2 カップ
酒…1/2 ～ 2/3 カップ
おろししょうが…大 1 かけ分

作り方

材料をまぜ合わせ、約 1 時間おいてなじませる。魚介類をつけ込んで焼く。

べっこう卵

材料

卵…4 個
好みのみそ…500g
みりん
…大さじ 5 と 1/3

作り方

1 温泉卵を作る。70℃の湯を入れたポットに卵を入れ、40 分ほどおく。
2 白身をきれいに除き、卵黄をとり出す。
3 保存容器にみそとみりんを合わせ、半量をとり出してガーゼをひく。ガーゼに 4 カ所へこみを作り、2 を並べる。
4 上からガーゼをかぶせ、とり出したみそを上から塗る。冷蔵庫で 2 日ほどつける。

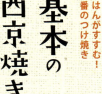

手軽な鮭のちゃんちゃん焼きの作り方

材料（4人分）

生鮭…3 切れ
キャベツ…1/4 個
玉ねぎ…1 個
生しいたけ…3 個
酒…大さじ 1
塩…小さじ 1/3
サラダ油…小さじ 2
上記配合のたれ

作り方

1 鮭に酒と塩を振って 10 分ほどおく。
2 野菜は食べやすい大きさに切る。
3 フライパンにサラダ油を熱し、1 の水けをふいて入れ、両面をこんがりと焼いてとり出す。
4 同じフライパンに 2 を入れてさっといため、3 を戻し入れ、まぜ合わせておいたたれを全体にまわしかけて蓋をし、野菜に火が通るまで蒸し焼きにする。
5 蓋をとって、鮭をほぐしながら骨を除き、野菜をからめるようにいため合わせる。

北海道の郷土料理

鮭のちゃんちゃん焼き

配合（4 人分）

たれ

みそ…大さじ 3
酒…大さじ 2
みりん…大さじ 1
砂糖…大さじ 1
しょうゆ…小さじ 1
バター…大さじ 2

作り方

すべての調味料をまぜ合わせる。基本のレシピを参照に、ちゃんちゃん焼きを作る。

飛騨高山の郷土料理

朴葉みそ

配合（作りやすい分量）

みそ…大さじ 2
みりん…大さじ 2
砂糖…小さじ 1
ごま油…小さじ 1/2

作り方

すべての材料をまぜ合わせる。ねぎやしいたけを刻んで加え、朴の葉にのせて焼いて食べる。

朴葉みそ

岐阜、高山の郷土料理。乾燥させた朴の葉にねぎやしょうがを加えたみそを厚く塗って炭火で焼いたもの。葉の香りがみそに移って香ばしい仕上がりになります。

チーズは意外な名コンビ

みそミートグラタンソース

配合（作りやすい分量）

豚ひき肉…300g
みそ…大さじ 4
みりん…大さじ 2
にんにくのみじん切り…2 かけ分
ねぎのみじん切り…10 ㎝分
ごま油…大さじ 2

作り方

フライパンにごま油を入れ、にんにくとねぎ、ひき肉をいためる。みそ、みりん、水少々も加えていため合わせ、ソースを作る。

ふわっとクリーミーな口あたり

とろろみそグラタンソース

配合（作りやすい分量）

長いものすりおろし…400g
みそ…大さじ 4
卵…4 個

作り方

すべての材料をまぜ合わせる。

みそグラタンの作り方

材料

好みの具材（みそミートグラタンソースにはとうふ、とろろみそグラタンソースにはねぎとハムがおすすめ）
上記配合の好みのグラタンソース
好みでピザ用チーズ

作り方

具材を食べやすく切り、野菜類はさっといためる。グラタン皿に具材を入れ、グラタンソースをかけ、好みでチーズをのせてオーブンで焼く。

基本のホイコーロー

キャベツの甘みにピリ辛みそがぴったり

配合（豚肉 200g ＋キャベツ 300g 分）

たれ

- みそ…25g
- 酒…大さじ 2
- 砂糖…大さじ 1
- しょうゆ…大さじ 1
- にんにくのみじん切り…1 かけ分
- しょうがのみじん切り…1 かけ分
- 赤とうがらしの小口切り…1 本分
- サラダ油…大さじ 1/2

基本のレシピ

材料

豚バラ薄切り肉…200g
キャベツ…300g
ピーマン…2 個
ねぎ…1/2 本
塩…少々
サラダ油…大さじ 2
ごま油…小さじ 2
上記配合のたれ

作り方

1 フライパンに配合のたれの油を熱し、たれのにんにく、しょうが、赤とうがらしをいため、香りが出たら火を止め、たれの調味料を加えてまぜる。
2 豚肉と野菜は食べやすい大きさに切る。
3 中華なべにサラダ油の半量と塩を熱し、野菜をいためてとり出す。
4 残りのサラダ油を足して豚肉を入れ、ほぐしながらいためて配合のたれを加える。
5 **3** を戻し入れ、さっといため合わせる。仕上げにごま油を振る。

基本の麻婆豆腐のレシピ

材料

とうふ…1 丁
豚ひき肉…150g
にら…20g
サラダ油…大さじ 1.5
左記配合の好みのたれ
（写真は本格麻婆豆腐）

作り方

1 とうふは水きりして 2 cm角に切る。にらは刻む。
2 フライパンにサラダ油を弱火で熱して配合のジャンをいため（A）、香りが出たらひき肉をいため、配合の調味料（B）を加える。
3 煮汁（C）を加えて煮立て、配合の水どきかたくり粉（D）を加える。
4 とうふとにらを加え、ひと煮して仕上げる。

本格麻婆豆腐

豆板醤とさんしょうの本格派の味

配合（とうふ 1 丁分）

ジャン

- にんにくのみじん切り…1 かけ分
- しょうがのみじん切り…1 かけ分
- ねぎのみじん切り…1/2 本分
- 豆板醤…小さじ 1
- 豆豉のみじん切り…大さじ 1

調味料

- しょうゆ…大さじ 1

煮汁

- 鶏ガラスープ…1 カップ

水どきかたくり粉

- かたくり粉大さじ 1.5　水大さじ 1.5

仕上げ

- 粉ざんしょう…少々

作り方

基本の麻婆豆腐のレシピを参照。

甘めマーボー

子どもでも食べやすい味つけ

配合（とうふ 1 丁分）

調味料

- 八丁みそ…大さじ 2
- みりん…大さじ 2
- 豆板醤…大さじ 1
- 砂糖…小さじ 1
- しょうがのみじん切り…20g

煮汁

- 鶏ガラスープ…1/2 カップ

水どきかたくり粉

- かたくり粉大さじ 1　水大さじ 2

作り方

基本の麻婆豆腐のレシピ参照。調味料を B、煮汁を C、水どきかたくり粉を D で加える。

トマト麻婆豆腐

ちょっぴり洋風

配合（作りやすい分量）

ジャン

- おろしにんにく…小さじ 1/2
- おろし玉ねぎ…大さじ 3
- 赤とうがらし（ちぎる）…1 本

調味料

- トマトケチャップ…大さじ 3
- 塩…小さじ 1/2
- こしょう…適量

煮汁

- トマト

仕上げ

- 粉チーズ

作り方

基本の麻婆豆腐のレシピを参照。ジャンを A、調味料を B、煮汁がわりのざく切りにしたトマトを C で加える。仕上げに粉チーズを振る。

みそを分けて加えて 基本のなべしぎ

配合（なす 4 個分）

調味料
- 赤とうがらしの小口切り…2 本分
- 酒…大さじ 3
- みりん…大さじ 2
- 砂糖…大さじ 2
- しょうゆ…小さじ 2
- みそ…小さじ 2
- ごま油…小さじ 1

みそ
- みそ…小さじ 2

基本のレシピ

材料（4人分）

なす…4 個
配合の調味料
　みそ（写真は基本のもの）
サラダ油…大さじ 1

作り方

1 フライパンに調味料のうちのごま油を熱し、赤とうがらしをいためる。ほかのすべての調味料を加えて煮立てておく。
2 なすはへたを落として皮を縞目にむき、乱切りにして水にさらす。
3 フライパンにサラダ油を熱し、水けをふいたなすをしんなりするまでいためて 1 の 調味料（A）を加える。
4 みそ（B）を加えて手早くかきまぜる。みそがからみにくければ、水大さじ 1 を加えてまぜるとよい。

しょうがでみそ味をさっぱりと しょうがなべしぎ

配合（なす 5 個分）

調味料
- しょうゆ…大さじ 1/2 強
- しょうが汁…小さじ 2

みそ
- みそ…大さじ 1.5
- 砂糖…大さじ 2

作り方

基本のなべしぎレシピを参照。調味料を A で加え、みそを B で加える。

マヨネーズとのコンビで魚介にも みそマヨソース

配合（作りやすい分量）

みそ…大さじ 3
マヨネーズ…大さじ 3
砂糖…大さじ 3
酒…大さじ 2
だし…大さじ 2
しょうゆ…少々

作り方

すべての材料をまぜ合わせる。

揚げ物にもみそだれ？

揚げ物に濃厚なみそだれはあまりなじみのない組み合わせ。名古屋ではおなじみメニューです。

こってりした名古屋グルメ みそカツソース

配合（作りやすい分量）

八丁みそ…大さじ 6
だし…大さじ 6
砂糖…大さじ 2
酒…大さじ 2

作り方

なべにすべての材料を合わせて入れ、弱火でかきまぜながら煮立てる。

シャキシャキしたねぎがいい ねぎみそ

配合（作りやすい分量）

ねぎのあらみじん切り…1 本分
赤みそ…適量

作り方

材料をまぜる。食べる直前に作るほうがおいしい。

みそ汁いろいろ

だしで具材を煮て仕上げにみそで調味するのが基本のみそ汁。それ以外に、だしいらずのもの、みそを加えてから煮るものと具材によっていろいろな調理法があります。

みそのあとから
加えて軽く煮て

とろろ汁

材料（4人分）

いちょういも…120g
とうふ…1丁
長ねぎ…1本
だし…4カップ
みそ…大さじ4

作り方

1 いちょういもは皮をむいてすりおろし、とろろにする。とうふはやっこに切り、長ねぎは斜め切りにする。
2 なべにだしを煮立て、**1**のとうふと長ねぎを加える。具材が温まったらみそをとき入れる。火を弱めてとろろをスプーンですくって落とし、2～3分煮る。

あさりのうまみでだしいらず

あさり汁

材料（4人分）

あさり…300g
ねぎ…1/4本
みそ…大さじ3

作り方

1 あさりは砂出ししてよく洗い、ねぎは小口切りにする。
2 なべに水3カップ、あさりを入れて火にかける。あさりの口が開いたらアクをとる。
3 みそをとき入れてひと煮し、器に盛ってねぎをのせる。

基本の作り方の
具だくさん汁

豚汁

材料（4人分）

豚バラ薄切り肉…200g
ごぼう…1/2本
じゃがいも…1個
こんにゃく…1枚
にんじん、だいこん…各3㎝
だし…4.5カップ
みそ…大さじ4
サラダ油…大さじ1/2
万能ねぎの小口切り…適量

作り方

1 材料はすべて食べやすい大きさに切る。
2 なべにサラダ油を熱して豚肉をいため、だしを注いでみそと万能ねぎ以外の具材を加え、野菜がやわらかくなるまで煮る。
3 野菜に火が通ったら、みそをとき入れてひと煮し、器に盛って万能ねぎを散らす。

おすすめの組み合わせ

ワンパターンになりがちなみそ汁の具は、季節や献立、冷蔵庫の中身によっていろいろ楽しんでみてください。ここでは、おすすめの組み合わせをご紹介します。

鮭＋根菜

塩鮭と根菜の組み合わせは冬におすすめ。仕上げに酒かす少々を加えるのもおすすめです。

鶏手羽肉＋さつまいもの豚汁風

豚汁のじゃがいもと豚肉を、鶏手羽肉とさつまいもにして作ってもおいしい。みりんを加えるとさらに甘みが引き立ちます。

焼きなす＋青じそ

網で焼いて皮をむいたなすとたっぷりの青じそ、ねりがらしを器に盛り、酒少々とみそで調味しただしを張ります。

オクラ＋納豆

とろとろ同士の組み合わせ。納豆はひと煮する程度、オクラはさっとあたためればOK。仕上げにすりごまを振るのがおすすめです。

みそで 鍋

土手なべの作り方レシピ

材料（4人分）
カキ…40個
塩…適量
とうふ…2丁
配合のみそ

作り方
1 カキは塩水で洗う。とうふは食べやすい大きさに切る。
2 みそを土なべに塗り、カキととうふを入れ、弱火で煮る。

配合（カキ40個、とうふ2丁分）
みそ
赤みそ…100g
白みそ…50g
砂糖…大さじ4
煮切り酒…1/2カップ
卵黄…1個分

作り方
すべての材料をまぜ合わせ、土なべの中面に塗りつけておく。

具だくさんなべのシンプルなつゆ
みそちゃんこ

配合（4人分）
だし…4～6カップ
みそ…大さじ6～8
酒…1/2カップ

作り方
なべにだしを入れて煮立て、残りの材料を加えて調味する。鶏肉、油揚げ、白菜、にんじんなど好みの具材を煮る。

牛乳とみそは相性抜群
かんたん石狩なべ

配合
（生鮭3切れ、キャベツ1/2個、じゃがいも3個、玉ねぎ1個分）
コンソメスープ…3カップ
牛乳…3カップ
みそ…大さじ3
あらびき黒こしょう…適量
バター…適量

作り方
具材は食べやすく切り、コンソメスープで煮る。火が通ったら、そのほかの調味料を加えてあたためる。

みそで 和える

基本のぬた

甘めの酢みそがねぎに合う
ぬたの酢みそ

配合（4人分）
みそ…大さじ5
砂糖…大さじ2
酢…大さじ2

作り方
すべての材料をまぜ合わせる。

基本のレシピ

材料
わけぎ…1束
まぐろの赤身…150g
わかめ（塩蔵）…40g
左記配合の酢みそ

作り方
1 まぐろはそぎ切りにする。わけぎはゆでて冷まし、水けとぬめりをとり、4㎝長さに切る。わかめは水でもどし、水けをきってざく切りにする。
2 ボウルに酢みそを入れ、1を加えてあえる。

寒い冬に熱々をみそであたたまって

基本の田楽

配合（作りやすい分量）

みそ…300g
砂糖…100g
酒…1 カップ
みりん…70 ㎖

作り方

なべに材料を順に入れてまぜ合わせる。完全にまざったら中火にかけ、焦げないように絶えずへらでまぜながら、元のみそのかたさになるまで 10 ～ 15 分ねりまぜる。

基本のレシピ

材料（4人分）

とうふ…2 丁
好みの田楽みそ

作り方

1 とうふは重しをして厚さが 2/3 くらいになるまで水きりし、4 等分に切る。
2 くしに 1 を刺し、好みの田楽みそを塗って平らにならす。
3 グリルに 2 を並べ、表面に焼き色がつくまで焼く。

上品な甘さの白い田楽みそ

玉みそ

配合（作りやすい分量）

白みそ…200g
卵黄…1/2 個分
みりん…大さじ 1
酒…大さじ 1

作り方

すべての材料をまぜ合わせ、弱火でねり上げる。

玉みそはベースに

玉みそは、合わせみそのベースにぴったり。青ねぎや木の芽、ねりがらしなど、ねり込んだものの色がきれいに出ます。ゆずみそは夏なら青ゆず、冬なら黄ゆずで作って。

甘さ控えめのすっきり味

ねぎみそ田楽

配合（作りやすい分量）

ねぎのみじん切り…大さじ 8
みそ…大さじ 6
酒…大さじ 2
削り節…4g

作り方

すべての材料を小なべに入れ、よくまぜ合わせて弱火にかける。

玉みそをアレンジして

ゆずみそ

配合（作りやすい分量）

玉みそ（作り方上記参照）…100g
ゆずの皮…適量

作り方

玉みそに、すりおろしたゆずの皮をねりまぜる。

田楽みそのバリエーション

田楽みそ＋さんしょう
ゆでたこんにゃくに。ピリッとした刺激でさわやかな味に

田楽みそ＋マヨネーズ
酒蒸ししたえびや貝類に。まろやかな味わい

田楽みそ＋
おろしにんにく
鶏肉に。焼くと香ばしいが、ゆで鶏でもおいしい

みりん 酒 砂糖

Mirin, Sake, Sugar

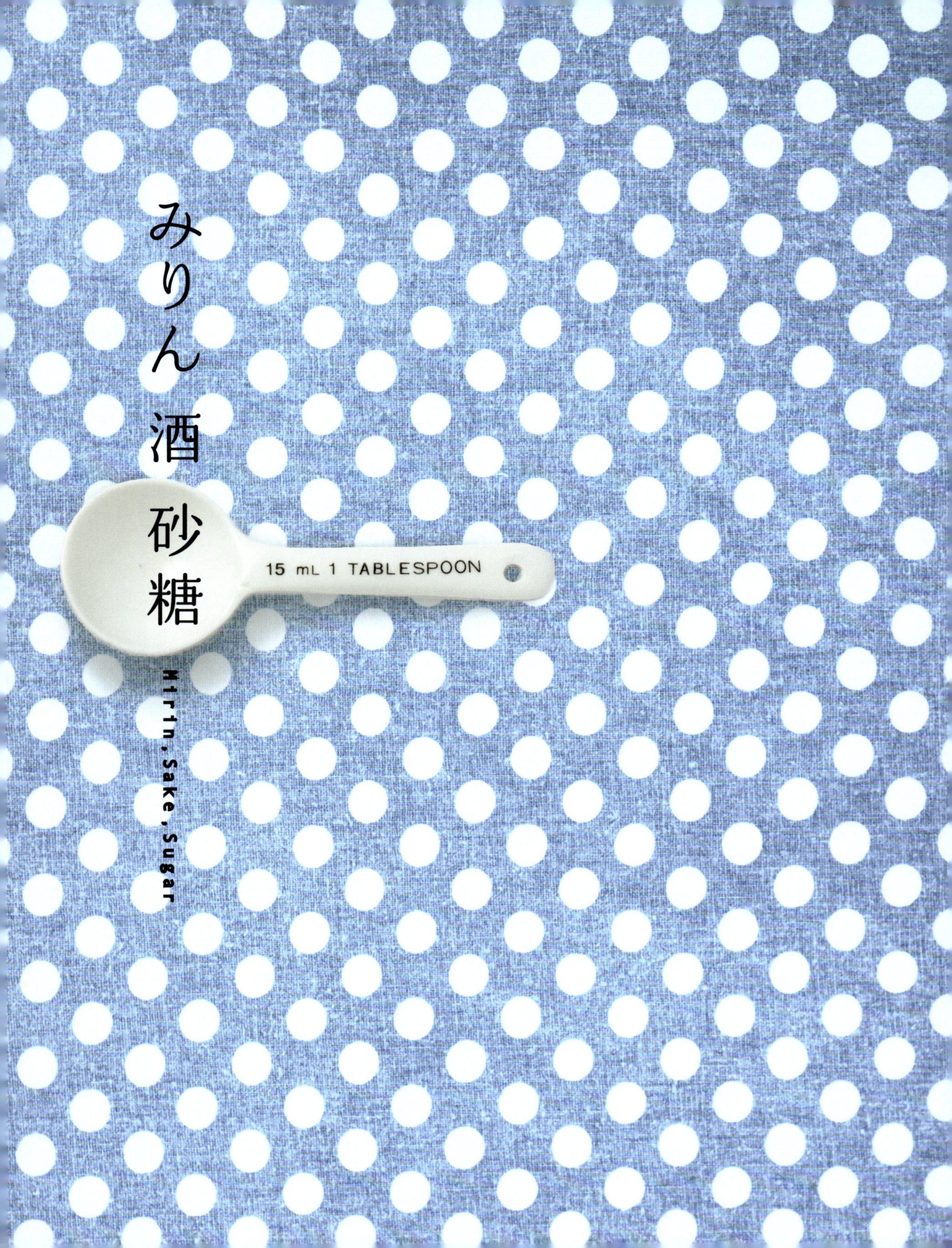

みりん、酒

役割の違い

みりんと酒で異なるのはみりんが素材を引き締めるのに対し、酒はやわらかくするところ。豚の角煮なら酒で煮て、最後に照りのためにみりん少量を加える。

食塩相当量
0g/100g

原材料
焼酎
米麹
もち米

本みりん

本みりんはもち米と焼酎、麹を発酵、熟成させて造る。

もち米

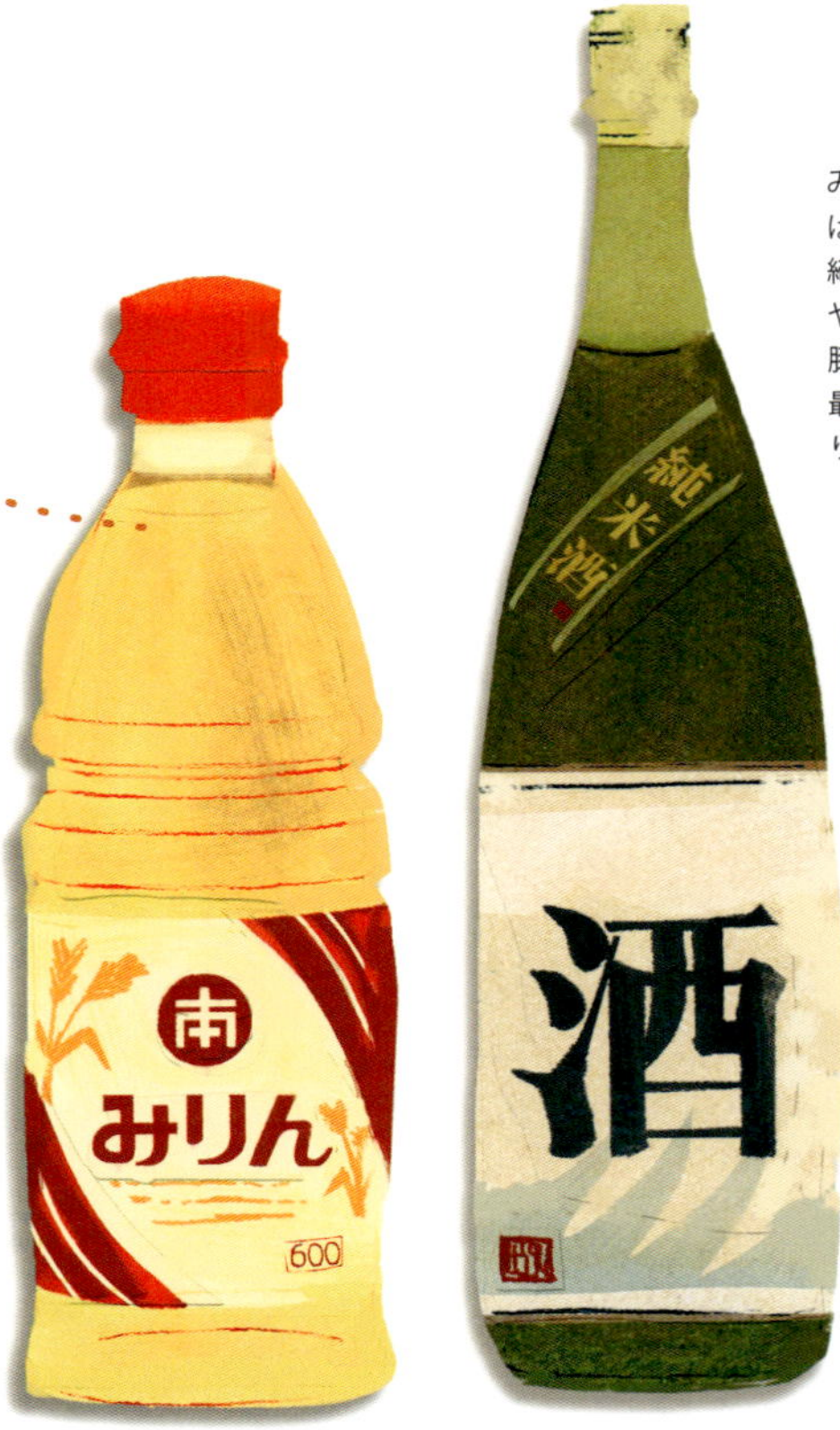

甘みづけにみりん

みりんには砂糖の 1/3 ほどの上品な甘みがある。控えめな甘さにしたいなら、砂糖がわりに使ってみては？

和食の甘さはみりんから

少し甘めの味つけが多い日本料理ですが、その甘さは砂糖からではなく、みりんからということも多いようです。砂糖の甘み成分がショ糖のみなのに対し、みりんはブドウ糖などいくつかの糖分を含んでいるので、それがコクとまろやかさをつけ、深い味わいの甘さとなるからでしょう。

みりんは原料がもち米、米麹、焼酎の甘い酒といってもよいのですが、加熱することでアルコール分はとび、料理には残らないので酔ってしまうということはありません。

酒も大事な調味料

日本酒をはじめ、世界各国に酒と呼ばれる飲み物があり、そしてそれらは各国の料理に調味料としても使われています。酒は米と米麹が原料ですから、米文化の日本料理とはもちろん相性もよく、味にまろやかさやうまみをプラスしてくれます。

精米歩合や香りなどにより、多くの種類に分けられますが、高価な吟醸酒を使ったからといって料理がおいしくなるとは限りません。アルコール分が気になるなら、一度沸騰させ、煮切り酒にして使いましょう。香りを生かしたいときは加熱する直前に食材を浸したり、火を止める直前に振りかけて。

選び方・種類

見た目や名前が似ていても原料や製法が大きく異なり、味も違っています。それぞれの特性を理解しましょう。

本みりん

米と焼酎で造られる調味料。アルコール分16％程度。

オススメ料理
煮物
照り焼き

料理酒

調理用に原料や成分が調整されている酒。塩分があるものもある。

オススメ料理
煮物
なべ

みりん風調味料

糖類やうまみ調味料をまぜた調味料。アルコール分は1％以下。

オススメ料理
あえ物

酒

雑味がないので、料理によっては物足りない味になることも。

オススメ料理
煮物
吸い物

ワイン

食材のくさみを抑え、料理に風味を与える。肉料理には赤、魚料理には白を使うとよい。

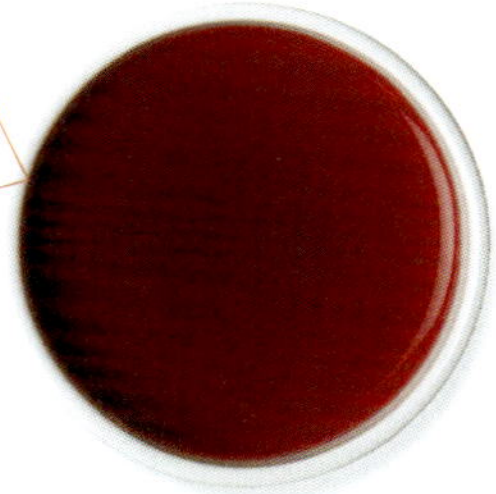

オススメ料理
ソテー
煮込み料理

飲める調味料？

みりんの起源説は2つあります。一つは戦国時代に中国の「密淋（ミイリン）」という甘い酒が伝来したというもの。もう一つは日本に古くから存在した甘い酒、白酒やねり酒に腐敗防止として焼酎を加えてできたというもの。どちらにせよ、もとは飲用であり、江戸時代中期からそばつゆやかば焼きのたれに用いる調味料として使われ始めました。

　酒は中国で紀元前7000年ごろの遺跡から醸造酒の成分が発見されており、これが考古学的には世界最古の酒といわれています。日本酒は平安時代から江戸時代にかけてさまざまな酒造法の技術が開発され、現在にも引き継がれています。

使い方

みりんはかぼちゃの煮物や、照り焼き、そばやうどんのだしに加えたり、甘みだけでなく、万能の働きをする。酒は風味づけ、肉や魚のくさみ消し、奈良漬などにも使われる。

調理効果

共通効果

- 味のしみ込みをよくする
- 生ぐささを消す
- コクとうまみを引き出す

みりん

- 上品でまろやかな甘みをつける
- 素材に照りやつやを出す
- 素材を引き締め、煮くずれを防ぐ

酒

- 素材をやわらかくする
- 保存性を高める

保存方法

みりん、酒ともに冷暗所で保存し、開栓後はなるべく早く使いきるようにする。みりん風調味料の場合、開栓後は冷蔵保存したほうがよい。

砂糖

甘さの話

砂糖の甘さはさとうきびに含まれる甘み成分が結晶したもの。体に吸収されやすく、すぐエネルギーになるので、疲労回復に効果を発揮する。

食塩相当量 0g/100g

原材料 さとうきび

上白糖

さとうきび

世界の砂糖の７割以上がさとうきびを原料としている。

日本人と砂糖

現在、日本人の１日当たりの砂糖消費量は約 50g。アメリカでは約 87g、EU では 100g。日本人の味覚は甘さ控えめ？

豊富な種類

疲れたときや思考力、集中力が低下してくると甘いものを食べたくなるのは、脳のエネルギー源であるブドウ糖が不足するからです。そんなときに砂糖を口にすると、消化吸収が早いのでシャキッとするはず。

その甘みをもたらす砂糖の種類はじつに豊富で、ただ甘いというだけでなく、しょうゆや酢など、ほかの調味料と合わせることで多種多様な味を作ることができます。また、繊細な日本料理ではほんの少量を隠し味として使います。

その種類に合わせて

ひと言でいうと、砂糖は原料となるさとうきびなどに含まれるショ糖を抽出し、結晶させたものです。その製造工程の違いにより、種類が異なってきます。それぞれの特徴をつかんでおくと選び方で料理や菓子の仕上がりが格段に変わります。

たとえばどんな料理にも合うのが一般的な上白糖。沖縄料理のラフテーのように黒砂糖を煮物に使うとコクが出ます。三温糖はカラメルの独特な風味がみそ料理や煮物、つくだ煮に。ざらめは粒子が大きく、とけるのが遅いのでじっくり味をしみ込ませたいときに使います。菓子はかりんとうな

上白糖

最も一般的に使われている砂糖。結晶がこまかく、くせがない。

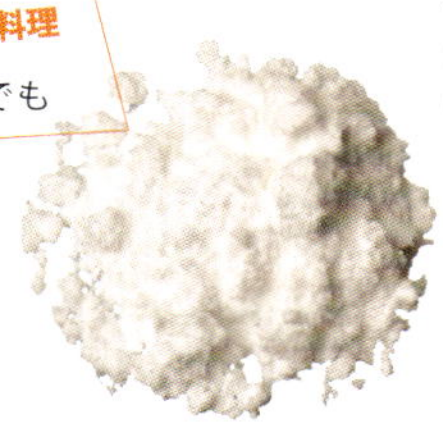

オススメ料理
なんにでも

三温糖

加熱を繰り返す製法で、カラメル色を帯びた砂糖。甘みが強い。

オススメ料理
煮物
つくだ煮

選び方・種類

甘みの強さと色で使い分けたいもの。コクがほしいなら色のある砂糖を、すっきりさせたいなら白い砂糖を使って。

グラニュー糖

さらさらしており、上品な甘み。欧米の家庭ではこちらが主流。

オススメ料理
飲み物
菓子

黒砂糖

さとうきびのしぼり汁をろ過せず煮詰めたもの。ミネラル豊富。

オススメ料理
果実酒

ざらめ

カラメル色をつけた光沢のある砂糖。色をつけない白ざらめもある。

オススメ料理
煮物
あめ

ら黒砂糖、洋菓子にはくせのないグラニュー糖、粉砂糖。使い分けて料理の腕を上げましょう。

歴史ある和菓子

紀元前3000年ごろ、インドで製造された砂糖が世界最古といわれています。日本には奈良時代に伝えられたという説があり、当初は貴重品で医薬品として扱われていました。

茶の湯の流行とともに和菓子が発達し、室町幕府八代将軍が僧侶に砂糖ようかんを振る舞ったという記述が残っています。のちにカステラ、金平糖という南蛮菓子がもたらされ、江戸時代に入って、砂糖の製造が始まりました。

近年は各メーカーがカロリーゼロや低カロリーをうたったダイエット甘味料を開発、販売しています。

使い方

調味料として甘さをつけたいときは基本的加え方順「さしすせそ」の1番目。粒子が大きく味の浸透が遅いので塩よりも先に加える。

調理効果

- 保水効果。肉にもみ込むとかたくなるのを防げる
- カビや細菌の繁殖を防ぐ。ジャム、ようかんなど

- 発酵促進
- 果物と煮詰めるととろみがつく効果でジャムなど
- 煮詰め時間により、いろいろなものに変化。シロップ、キャラメル、あめ細工などに用いる

保存方法

密閉容器に入れ、温度と湿度の安定した冷暗所で保存。においの強い食品の近くは避ける。固まったら、霧吹きで水分を加え、一昼夜おく。

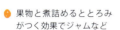

洋風デザートソース

カラメルソース

身近な調味料だけで作れます

配合（作りやすい分量）

グラニュー糖…70g
水…大さじ 3
湯…大さじ 2

作り方

グラニュー糖と水をよくまぜてとかす。小なべに入れて火にかけたらまぜずに、茶色く焦がしてカラメル状にする。火からおろし、湯を加えてゆるめる。湯を加えるときに、はねやすいので注意する。

塩バターキャラメルソース

懐かしくてあと引く甘さ

配合（作りやすい分量）

生クリーム…150g
グラニュー糖…90g
バター（食塩不使用）…5g
塩…小さじ 1/2
水…大さじ 2

作り方

グラニュー糖と水をよくまぜてとかす。小なべに入れて火にかけたらまぜずに、黄色く焦がす。生クリーム、バター、塩を加え、煮詰めてキャラメル色にする。

カスタードソース

果物に添えるだけで手作りデザート

配合（作りやすい分量）

卵黄…3 個分
牛乳…180 ㎖
グラニュー糖…大さじ 3
ラム酒…大さじ 1

作り方

なべに卵黄、グラニュー糖を入れてまぜ、牛乳も加えてまぜる。弱火にかけ、まぜながら煮て、とろみがついてきたら火からおろし、なべの底を水に当て、あら熱がとれるまでまぜる。最後にラム酒を加えてまぜる。

カラメルプリンのレシピ

材料（直径 7 ㎝のプリン型 6 個分）

とき卵…4 個分
牛乳…2 と 3/4 カップ
グラニュー糖…70g
バニラオイル…少々
カラメルソース（作り方上記参照）

作り方

1 カラメルソースをプリン型に等分に流し入れる。
2 小なべに牛乳とグラニュー糖、バニラオイルを入れて弱火にかけ、砂糖をとかす。
3 とき卵に 2 を加えてまぜ、こし器でこして 1 のプリン型に等分に流し入れる。
4 天板にペーパータオルを敷いて 3 を並べ、熱湯を型の半分まで注ぎ入れる。150℃のオーブンで 20 分ほど蒸し焼きにしてとり出し、冷ます。

黒ごまキャラメルソース

黒みつをアレンジした和風ソース

配合（作りやすい分量）

黒みつ
水…1 カップ
黒砂糖…250g
上白糖…100g
水あめ…60g
酢…大さじ 1

ねり黒ごま…黒みつの 1/3 量

作り方

黒みつの材料をすべて合わせて煮とかす。冷めたらねり黒ごまをまぜる。

和風カスタード

マイルドな口あたりの和風ソース

配合（作りやすい分量）

豆乳…3/4 カップ
卵黄…1 個分
グラニュー糖…大さじ 1 と 2/3
薄力粉…大さじ 1
黒みつ…小さじ 1

作り方

耐熱容器に薄力粉と豆乳以外の材料を入れてまぜる。薄力粉をふるい入れ、豆乳 1/2 カップをまぜながら加える。ラップをせずに電子レンジで 1 分加熱し、とり出してまぜ、さらに 30 秒加熱する。とり出してよくまぜ、残りの豆乳を加えてのばす。

カラメルソースのコツ

カラメルソースを火にかけたら、泡立って色づくまではかきまぜないこと。まぜると温度が上がらず、カラメル化する前に水分だけ蒸発して固まってしまいます。

いちばんシンプルなソース

シロップ

配合（作りやすい分量）

グラニュー糖…2/3 カップ
水…1 カップ

作り方

なべにグラニュー糖、水を入れて火にかける。煮立ってから、さらに 2 〜 3 分煮て、火を止める。

熱々をバニラアイスにかけてアッフォガートに

エスプレッソソース

配合（作りやすい分量）

インスタントコーヒー
…大さじ 1
熱湯…1/4 カップ
ラム酒…少々

作り方

インスタントコーヒーをエスプレッソくらいの濃さに作り、ラム酒を加える。

あたたかいうちに果物やマシュマロにからめて

チョコレートソース

配合（作りやすい分量）

製菓用チョコレート…100g
牛乳…1/4 カップ
生クリーム…1/4 カップ

作り方

チョコレートはこまかく刻む。なべに牛乳と生クリームを合わせてあたため、チョコレートを加えて弱火でまぜとかし、熱いうちに使う。

チーズケーキに添えて

ダークチェリーソース

配合（作りやすい分量）

ダークチェリー缶…1 缶（400g）
砂糖…40g
キルシュ…少々

作り方

ダークチェリーは汁と粒に分ける。汁に砂糖を入れて煮立て、粒を加えてさっと煮て、キルシュを加える。

クレープやフローズンヨーグルト

オレンジソース

配合（作りやすい分量）

ネーブルオレンジ（国産）
…3 個
グラニュー糖…60g

作り方

ネーブルオレンジは 1.5 個分の皮を薄くむき、3 個分の果汁をしぼる。ステンレス製のなべに、果汁と 1.5 個分の皮、グラニュー糖を入れて火にかける。ひと煮立ちしたら皮をとり除き、火を止める。

果物のコンポートにぴったり

赤ワインソース

配合（作りやすい分量）

赤ワイン…1/2 カップ
砂糖…大さじ 2
三温糖…20g
レモンの皮…2 ㎝角
シナモンスティック…1/2 本
ラム酒…大さじ 1

作り方

なべにラム酒以外の材料を入れて熱し、少しとろみがつくまで煮詰める。火を止め、ラム酒を加えてまぜる。

ココナッツミルクで手軽にできる

ココナッツソース

配合（作りやすい分量）

ココナッツミルク
…1/3 カップ
牛乳…大さじ 2
砂糖…大さじ 1

作り方

なべにすべての材料を入れて熱し、少しとろみがつくまで煮詰め、冷やしてソースにする。

毎日の朝食に

ブルーベリーソース

配合（作りやすい分量）

ブルーベリー…400g
グラニュー糖
…130 〜 150g

作り方

なべに材料を入れ、軽くまぜて 1 時間くらいおく。中火にかけ、煮立ったらアクをとり、弱火で 10 〜 15 分煮て火を止める。

和風デザートソース

みたらしだんごのたれ

配合（作りやすい分量）

しょうゆ…大さじ 1
砂糖…大さじ 4.5 弱
水…大さじ 4
かたくり粉…小さじ 1

作り方

かたくり粉以外の材料をすべて小なべに入れて火にかけ、煮立ったら水大さじ 1 でといたかたくり粉を加えてとろみをつける。

基本のレシピ

材料（6 本分）

上新粉…100g
白玉粉…20g
水…140 mℓ
砂糖…大さじ 1 = 9g
サラダ油…少々
みたらしだれ（作り方上記参照）

作り方

1. 耐熱容器に粉類と水と砂糖を加えてなめらかになるまでまぜる。
2. 容器にふんわりラップをして電子レンジで 2 分加熱し、よくまぜる。再びレンジに戻し、さらに 2 分加熱する。
3. ぬれぶきんの上にとり出して包み、上からよくこねてなめらかにする。
4. **3** を半分に分け、それぞれ直径 2 cmの棒状にのばし、2.5 cmずつにちぎって丸め、計 18 個だんごを作る。水にぬらしたくしに 3 個ずつ刺す。
5. フライパンに薄くサラダ油を引き、**4** を並べ入れて両面を焼き、みたらしだれにくぐらせる。

シンプルな材料で作る和の基本ソース かんたん黒みつ

配合（作りやすい分量）

黒砂糖…100g
水…1/2 カップ

作り方

なべに材料を入れて熱し、とろみがつくまで弱火で煮詰める。余熱で固まるので、煮詰めすぎないように注意する。

コクのある上品な甘さ 本格黒みつ

配合（作りやすい分量）

水…20 mℓ
黒砂糖…250g
砂糖…100g
水あめ…60g
酢…15 mℓ

作り方

水、黒砂糖、砂糖をひと煮立ちさせ、水あめを入れ、最後に酢を入れて火を止める。

カステラやいちごに添えて 抹茶クリーム

配合（作りやすい分量）

生クリーム…100 mℓ
砂糖…30g
抹茶…大さじ 1

作り方

生クリームと砂糖を合わせて八分立てに泡立て、湯でとかした抹茶をまぜる。

白玉やアイスクリームを飾って 抹茶シロップ

配合（作りやすい分量）

抹茶…4g
グラニュー糖…100g
水…1/2 カップ

作り方

ボウルにふるった抹茶とグラニュー糖を入れてまぜ合わせる。なべに移し、水を入れて火にかけ、グラニュー糖がとけたら火を止めて冷ます。

抹茶とは?

抹茶は玉露と同じように覆いをして栽培した茶の葉を原料にしています。ほどよい苦みとさわやかな風味もさることながら、鮮やかな緑が魅力的な食材です。

みそを分けて加えて
基本のうずら豆

配合（乾燥豆 200g 分）

煮汁
- 水…豆がひたひたになる量
- 砂糖…200g
- しょうゆ…大さじ 1 と 1/3

基本のレシピ

材料（作りやすい分量）

うずら豆（乾燥）…200g
上記配合の煮汁

作り方

1. 豆は、さっと水洗いしてたっぷりの水で一度ゆでこぼす。
2. なべに 1 の豆を入れ、配合のとおり、ひたひたになるくらいの水を加えて 40 分ほど煮る。
3. 豆がやわらかくなったら砂糖を加えて 20 分ほど煮含め、しょうゆを加えてひと煮する。

食材の持ち味を生かす味つけ
おばんざい風青菜の煮びたし

配合（水菜 1 束、油揚げ 1 枚分）

だし…1 カップ
砂糖…小さじ 2
しょうゆ…小さじ 1
塩…小さじ 1/2

作り方

すべての調味料を合わせて煮立て、刻んだ油揚げ、ざく切りにした水菜を加えてさっと煮、冷ます。

うどや大根など、白い野菜で
白きんぴら

配合（大根 1/6 本分）

調味料
- 砂糖…小さじ 2
- 塩…小さじ 1

油
- ごま油…大さじ 1.5

好みで…
- 一味とうがらし

作り方

フライパンに油を熱し、具材を入れていため、しんなりしたら調味料を加えていためる。好みで仕上げに一味とうがらしを振る。

薄皮を除いたそら豆で
豆のひすい煮

配合（そら豆 13 本分）

水…2 カップ
砂糖…小さじ 2
塩…小さじ 1

作り方

なべに分量の水、砂糖、塩を入れて煮立てる。薄皮を除いたそら豆を加えてさっと煮、そのまま冷ます。

トマトが驚くほど甘くなる
トマトのみりん煮

配合（トマト 5 個分）

みりん…2.5 カップ
シナモンスティック…1 本

作り方

なべにみりんを入れて火にかけ、2/3 量くらいになるまで煮詰める。シナモンスティックと湯むきしたトマトを加えて煮る。

野菜がスイーツに

みりんでトマトを煮ると、驚くほどトマトが甘く、なめらかに仕上がります。どんな果物にも負けない上品な味です。よく冷やしてどうぞ。

ジューシーでコクのあるソース
鶏の白ワイン煮

配合（鶏骨つきもも肉 4 本分）

ベース
- ねぎ…2 本
- バター…大さじ 2

煮汁
- 固形スープ…1/2 個
- 水…1 カップ
- 白ワイン…1/3 カップ

調味料
- 生クリーム…1/3 カップ
- 塩、こしょう…各適量

鶏の白ワイン煮のレシピ

材料（4人分）

鶏骨つきもも肉…小 4 本
しめじ…1 パック
上記配合のベース、煮汁、調味料
パセリ…適量
塩、こしょう…各少々
小麦粉、サラダ油…各大さじ 2

作り方

1. 鶏肉は塩、こしょうで下味をつけ、小麦粉をまぶす。しめじはほぐす。ベースのねぎは 5 ㎝長さに切る。
2. フライパンにサラダ油を熱し、肉の皮目を焼き、とり出す。
3. 同じフライパンにベースを加えていため、肉を戻し入れて煮汁を注ぎ、10 分煮込む。しめじを加えてさらに10分煮る。
4. 調味料を加えて味をととのえ、器に盛ってパセリを振る。

酒の肴にぴったり
レバーの洋風しぐれ煮

配合（レバー 300g 分）

酒…1/4 カップ
赤ワイン…1/4 カップ
しょうゆ…大さじ 3
砂糖…大さじ 1.5
針しょうが…1 かけ分

作り方

なべに下処理をしてそぎ切りにしたレバーとすべての調味料をまぜて入れ、弱めの中火にかけて 15 分ほど煮る。

りんごや洋梨で
フルーツ赤ワイン煮

配合（りんご 1 個分）

赤ワイン…1/2 カップ
水…1/2 カップ
砂糖…大さじ 4.5 弱

好みで…
- シナモンパウダー

作り方

なべに材料を入れて火にかけ、砂糖がとけたら適当な大きさに切ったりんごとレモンスライス 2 枚を加える。火を止め、好みでシナモンパウダーを振る。

肉に相性のよいにんにくをたっぷり加えて
豚の梅酒煮

配合（豚バラ肉 500g 分）

にんにく…2 かけ
梅酒…1/2 カップ
水…1/2 カップ
しょうゆ…大さじ 5
みりん…大さじ 2

作り方

みりん以外の材料で下ゆでした豚肉を煮る。やわらかくなったら煮汁を 2/3 量くらいになるまで煮詰め、みりんを加えてひと煮する。

梅酒を使ったさっぱり味
さばの梅酒煮

配合（さば 1 尾分）

梅酒の梅…4 個
梅酒…1 カップ
水…1/2 ～ 3/4 カップ
薄口しょうゆ…大さじ 1.5
しょうゆ…大さじ 1

作り方

すべての材料を合わせて煮立て、切り身にしたさばを加え、15 分ほど煮る。

同じ梅酒煮でも

さばは梅酒の甘みだけであっさり煮ます。豚肉はみりんで甘さをプラス。さらにしょうゆもきかせてしっかりした味つけにしましょう。

さば

豚肉

体がポカポカとあたたまる かす汁

配合（4人分）

汁

だし…8カップ
酒かす…160g
みそ…大さじ2

作り方

基本のレシピ参照。

かす汁のレシピ

材料（4人分）

甘塩鮭…4切れ
じゃがいも…2個
にんじん…1/2本
大根…4㎝
ねぎのぶつ切り…1本分
酒…大さじ2
上記配合の汁
七味とうがらし…適量

作り方

1 鮭は3～4等分し、酒を振りかける。野菜は食べやすい大きさに切る。
2 汁の酒かすはちぎってボウルに入れ、あたためただし1カップを加えてやわらかくなるまでとく。
3 なべに残りのだしを煮立て、1を加えて煮る。ゆるめた2の酒かすを加えてしばらく煮る。汁のみそで調味して火を止める。
4 器に盛り、七味とうがらしを振る。

牛肉やクレソンで洋風しゃぶしゃぶ 赤ワインなべ

配合（作りやすい分量）

鶏ガラスープ…2カップ
赤ワイン…2カップ

作り方

なべに鶏ガラスープと赤ワインをあたため、とうふやきのこを煮る。牛肉、クレソンはしゃぶしゃぶにして、好みでからしやゆずこしょうなどをつけても。

水菜と油揚げのさっぱりなべ ハリハリなべ

配合
（水菜300g、油揚げ4枚分）

だし…5カップ
しょうゆ…大さじ2
酒…大さじ6
塩…少々

作り方

だしと調味料をなべにあたため、細切りにした油揚げを煮る。ざく切りにした水菜はさっと煮て、煮汁といっしょに食べる。

ハリハリなべ

もともとはくじら肉と水菜のなべ。水菜のしゃきしゃき感を表現した名前とされています。油揚げのかわりに、豚肉や鴨肉でもおいしく食べられます。

究極のシンプルなべ 常夜なべ

配合
（豚肉400g、ほうれんそう1束分）

湯…なべの七分目
酒…大さじ3

作り方

なべに湯と酒を入れ、豚肉を入れて煮る。ほうれんそうはさっと火を通せばよい。ポン酢しょうゆで食べる。

常夜なべとは

豚肉とほうれんそうのシンプルななべ。名の由来どおり、毎晩食べても飽きのこない味です。水を加えず、かわりに酒だけで煮てもおいしいです。

甘さ控えめ、昔ながらの味

基本の大学いも

配合（さつまいも１本分）

たれ

はちみつ…大さじ１
しょうゆ…大さじ 1/2
砂糖…大さじ２
水…大さじ３
いり黒ごま…適量

作り方

基本のレシピ参照。

基本のレシピ

材料（4人分）

さつまいも…１本
上記配合のたれ
揚げ油…適量

作り方

1 さつまいもは乱切りして水にさらし、水けをふく。
2 170℃に熱した揚げ油で **1** を揚げる。
3 たれのうち、いり黒ごま以外をなべに入れて熱し、とろりとしたら **2** をからめ、最後にいり黒ごまを振って全体にからめる。

レモンの酸味でさっぱりさせて

はちみつレモンごまめ

配合（ごまめ 50g 分）

しょうゆ…大さじ２
はちみつ…大さじ３
酒…大さじ２
レモン汁…小さじ１

作り方

なべにすべての材料を入れ、弱めの中火で煮立たせ１分ほど煮詰める。いったごまめ（作り方左記参照）をからめる。

はちみつで簡単

しょうゆと砂糖を煮詰めて作るたれは、なかなか煮詰めるかげんがむずかしいもの。はちみつの甘みととろみを利用すれば簡単です。

ごまめのいり方2種

材料

ごまめ
（かたくちいわしの煮干し）
…50g

◎なべでいるなら…

厚手のなべを用意し、弱めの火で頭や尾が色づくまでいる。ごまめの大きさによって火の入り方が異なるので、小さいものは早めにとり出すようにする。

◎レンジ加熱なら…

耐熱容器に広げて並べ、電子レンジで約２分加熱してパリッとさせる。

五穀豊穣の縁起物

基本のごまめ

配合（ごまめ 50g 分）

砂糖…大さじ３
しょうゆ…大さじ 2.5

作り方

なべに材料を入れ、弱火にかける。木べらでまぜ、ややねばりの出たところで火からおろし、いったごまめ（いり方上記参照）をからめる。

黄身焼き

いかやえびに。ほんのり甘いたれ

配合（いか2はい分）

卵黄…2個分
みりん…大さじ3

作り方

卵黄をよくときほぐし、みりんを少しずつ加えてよくまぜる。いかをつけ込んで焼く。

ピリ辛しょうゆ焼き

青魚に合う辛いたれ

配合（さば1尾分）

しょうゆ…1/2カップ
酒…1/2カップ
砂糖…大さじ3～4
豆板醤…小さじ2
おろしにんにく…1かけ分
しょうがのみじん切り…1かけ分
ねぎのぶつ切り…大1本分
いり白ごま…大さじ2

作り方

すべての材料をよくまぜ合わせ、魚をつけ込んで焼く。

若狭焼き

ぶりやさわらで

配合（ぶり4切れ分）

だし…大さじ6
酒…大さじ4
薄口しょうゆ…大さじ2

作り方

すべての材料をまぜ合わせる。塩をした魚をつけ込む。

きじ焼き

鶏肉はもちろん、ぶり、さばでも

配合（鶏もも肉大2枚分）

下味

しょうゆ…大さじ1
みりん…大さじ2

たれ

しょうゆ…大さじ2
本みりん…大さじ4
酒…大さじ1

作り方

肉に下味をつけて20分おき、200℃のオーブンで20分焼く。たれを小なべで半量くらいになるまで煮詰め、焼いた肉にかける。

はちみつジンジャーソテー

鶏肉や豚肉で。はちみつがポイント

配合（鶏もも肉大2枚分）

下味

塩…小さじ1
こしょう…適量
ブランデー…大さじ1
はちみつ…大さじ2
しょうが汁…大さじ1

たれ

はちみつ…大さじ1

作り方

肉に下味をつけて10分おき、サラダ油適量を熱したフライパンでソテーする。肉に火が通ったら、たれをからめる。

みりんソテー

さわら、すずきなどの白身の魚で

配合（さわら4切れ分）

みりん…大さじ4
砂糖…大さじ1
白ワイン…大さじ3
白ワインビネガー
…大さじ3
固形スープ…1/4個

作り方

魚をソテーしてとり出し、同じフライパンにすべての調味料を入れて、2/3量くらいまで煮詰め、ソテーした魚にかける。

かぶや大根を漬けて
みりんしょうゆ漬け

配合（かぶ 6 個分）
しょうゆ…大さじ 2
みりん…大さじ 4
塩…適量

作り方
縦 8 等分のくし形に切ったかぶは塩でもみ、すべての調味料に 30 分ほどつける。

夏にうれしい甘酸っぱい味
きゅうりのカリカリ漬け

配合（きゅうり 5 本分）
しょうゆ…1/2 カップ
みりん…1/2 カップ
酢…1/2 カップ

作り方
なべに調味料を入れ、火にかけて煮立てる。乱切りにしたきゅうりを加えて煮立て、なべごと氷水を当てて冷やす。同様に煮て冷ますを 4 回繰り返す。

歯ごたえも楽しめる砂糖菓子
ピールのレシピ

材料（作りやすい分量）
ゆず…3 個
グラニュー糖…60g
仕上げ用グラニュー糖…適量
塩…適量

作り方
1 ゆずは塩を振ってこすり洗いし、水けをふきとる。縦に 4 つ割りにし、芯と種を除いて果汁をしぼる。皮は、適当な大きさに切る。
2 なべに、分量のグラニュー糖と **1** の皮を入れて 1 時間以上おき、**1** の果汁を加えて火にかける。泡が出て汁けがなくなるまで煮る。
3 **2** をざるに広げて冷暗所で 2 ～ 3 日乾燥させる。完全に乾いたら、仕上げのグラニュー糖をまぶす。

華やかで飲みやすい味
ホワイトサングリア

配合（作りやすい分量）
白ワイン…750 ㎖（1 本）
砂糖…30 ～ 50g
オレンジリキュール
…大さじ 2 ～ 3
ラム酒…大さじ 1

作り方
耐熱容器に白ワイン 400 ㎖と砂糖を入れてふんわりとラップし、電子レンジで約 8 分加熱する。あら熱がとれたら、残りの材料をすべて加えてまぜる。

手作り酒はさわやかな
甘みと香り
果実酒

配合（梅、あんずなど 1 kg分）
氷砂糖…400g
ホワイトリカー…6 カップ

作り方
氷砂糖、ホワイトリカーときれいに洗った果実をいっしょにつけるだけ。3 カ月目くらいからが飲みごろ。

フルーツサングリア

サングリアはフルーツをたくさん加えるのもおすすめ。オレンジ、りんごなどすっきりした果物のほか、バナナや桃など甘めのフルーツも合わせるとぐっと風味がアップ。

その他の甘味料

はちみつ

花で味や香りが違う

ミツバチが花から採取したみつを体内の酵素により変化したものがはちみつ。レンゲ、アカシア、ミカンなどさまざまな花のはちみつがあるので、味や香りを確かめて好みのものを探しましょう。

料理に使うとコクと風味がアップ。肉料理はやわらかくジューシーに仕上がります。また魚の生ぐささも抑えますし、殺菌性、保存性にもすぐれているので料理が長もち。お弁当のおかずに使うのもおすすめです。

メープルシロップ

独特の風味

カナダ産が有名なメープルシロップ。原料となるサトウカエデなどの樹液を濃縮した、洋風甘味料。独特の風味があり、ホットケーキやワッフルにかけたり、主に菓子の材料として用いられます。

ヨーグルトにかけると甘みと香りがアップ、またマヨネーズとの相性がよいとされていて、マヨネーズベースのサラダに加えると酸味がやわらぎ、マイルドな味になります。生ハムと合わせて前菜にしても◎。

水あめ

菓子作りや料理に

とろっとした粘液状の甘味料で、主な成分は麦芽糖です。砂糖に比べると甘味度がやや低く、砂糖のかわりに同じ分量で調理をすると甘みが足りないと感じるはず。その場合は砂糖やはちみつを加えて調節を。

保湿性にすぐれているので、パン作りに使うとしっとりとした食感になります。紅茶やコーヒーに、また煮物や照り焼きのつや出しにも。大学いもも水あめで作ると懐かしい味わいに仕上がります。

麦芽糖って?

ビールの原料にもなるモルトに多く含まれる成分。でんぷんから人工的に作られる甘味料です。別名はマルトース。水あめの主な原料となります。

キシリトールって?

木や稲など植物の細胞壁から作られる人工甘味料。虫歯になりにくいことから、チューインガムに使われます。水にとけると熱を吸収するので、すっとした清涼感があります。

フラクトオリゴ糖って?

おなかの健康に役立つといわれる健康食品。胃や小腸で吸収されない性質をもつため、大腸まで届き、ビフィズス菌を増殖させる働きがあります。

アレンジはちみつ

ナッツはちみつ
ナッツの香りがとけ出す

配合（作りやすい分量）
好みのいりナッツ…1 カップ
はちみつ…1 カップ
レーズン…1/4 カップ
ラム酒…大さじ 3

作り方
レーズンはラム酒につける。保存容器にナッツとレーズンを入れ、はちみつを注ぎ入れて 1 週間つけ込む。

抹茶はちみつ
ほろ苦い和風はちみつ

配合（作りやすい分量）
はちみつ…100g
抹茶…20g

作り方
はちみつに数回に分けて抹茶を加えてよくまぜる。

大根しょうがはちみつ
寒い冬に作りたい

配合（作りやすい分量）
大根（1 ㎝角）…5 ㎝
しょうがの薄切り…1 かけ分
はちみつ…約 2 カップ

作り方
保存容器にすべての材料を合わせる。大根から水分が出てきたら容器を振ってまぜる。はちみつがゆるんだら大根はとり除き、冷蔵庫で保存する。

こしょうはちみつ
アイスクリームやバゲットに

配合（作りやすい分量）
黒粒こしょう…大さじ 6
はちみつ…大さじ 3

作り方
黒こしょうをペーパータオルに包み、たたいてあらくつぶす。ボウルに入れ、はちみつを加えてまぜ合わせる。

きな粉はちみつ
クラッカーやバナナに

配合（作りやすい分量）
はちみつ…100g
きな粉…30g

作り方
はちみつに、数回に分けてきな粉を加え、よくまぜ合わせる。

食べ方いろいろ
アレンジはちみつは風味が複雑なのでバゲットにつけたり、湯でとかすだけでもおいしいです。

プレーンなアイスに加えるとぜいたくなデザートに。

油

011

油

サラダ油とは

ドレッシングやマヨネーズを作るために精製された油。大豆油や菜種油など、２種類以上の油をまぜている。

肌にいい話

肌の健康を守るビタミンA、Cは油にとけるビタミン。油といっしょにとると、生のときより約５倍の吸収率に。

食塩相当量 0g/100g

原材料 菜種油 大豆油

サラダ油

黄大豆

世界で最も生産量が多いのが大豆油。

油の原料

ふだん何げなく使っている油ですが、大きく分けると動物性油脂と植物性油脂の2種類になります。動物性油脂の原料となる素材は主に乳脂肪、豚や牛の脂身などで、植物性は大豆、ごま、菜種、コーン、紅花ほか、じつに多くの種類があります。

植物性の油は植物の種子や果肉などをしぼったもの。そのしぼりとった油から食用には不都合なにおいや苦み、えぐみなどをとり除くことを精製といい、多くはこの過程を経た油が製品化されています。

植物の種類により、それぞれ健康面にプラスになる異なる不飽和脂肪酸を含んでいるので、どれが適しているのかを探って使いましょう。

日本の料理と油

日本料理は油などの脂肪分をあまり使わない淡泊な味が主流でしたが、室町時代に油を使った料理法がとり入れられるようになりました。これが天ぷらのルーツといわれています。江戸時代には長崎から中華料理が広がり、このころすでに天ぷらは庶民も食すようになっていました。

さらに明治中期以降、カツレツ、コロッケ、オムレツなどの洋風料理が一般に普及し、大正末期のサラダ油の登

選び方・種類

健康面を考えて油を選ぶ人が増えています。体調や好みに合わせて、使いやすいものを見つけましょう。

サラダ油

さらっとしていて、くせがなく、なんにでも使いやすい油。

オススメ料理
なんにでも

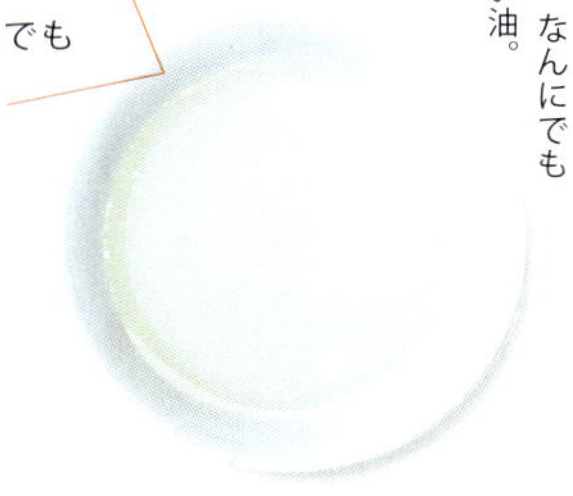

グレープシードオイル

和洋中問わず使える油。さっぱりしているのでサラダにも。ビタミンEがたっぷり。

オススメ料理
サラダ

コーン油

加熱に強く、揚げ物向きの油。独特のコクと風味がある。

オススメ料理
サラダ
揚げ物

紅花油

紅花の種子をしぼった油。マーガリンやサラダ油などの原料にもされている。

オススメ料理
いため物

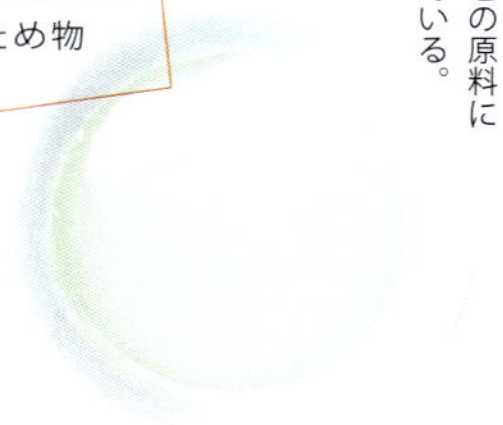

動物性脂

室温で固形の「脂」のほとんどが動物性。バターやラードなど。

オススメ料理
ソテー

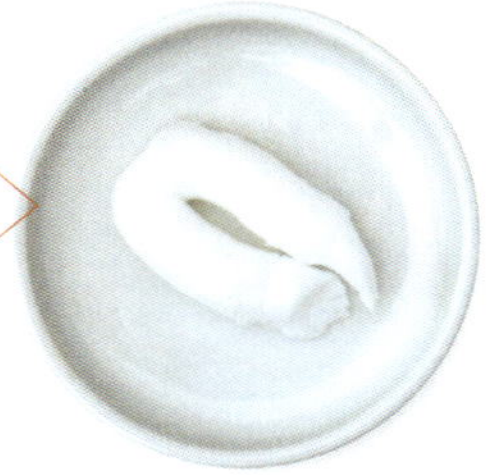

場により、一気に油を使う料理が増えたとみられます。

油を売る！

もともと油そのものは食用というよりも灯火用として使われており、江戸時代には行灯の油をはかり売りする油商人がいたほどです。油は粘りがあるのでしずくが落ちるのにも時間がかかったのでしょう。その間、油屋が客とゆっくり長話をしながら待っていたことから、仕事の途中でむだ話などをして時間をつぶすことを〝油を売る〞というようになりました。

一説には行灯用の油ではなく、髪の油を売る商人が女性相手に長々と世間話をしながら油を売っていたことから転じたともいわれています。どちらにせよ、現代では仕事中に喫茶店などに行く寄り道に対しても使われるようになっています。

使い方

毎日のように使う油。揚げる、いためる以外にも、仕上げに風味づけとして使うなど、用途に合わせて数種類を使い分けましょう。

調理効果

- 高温で加熱、短時間で調理できる。揚げ物など
- 風味をつけ、舌ざわりをよくする。いため物など
- 防水する。サンドイッチに塗るバターはこのため
- くっつきにくくする。パスタのゆで汁や、肉の下味に

保存方法

酸化を防ぐため、しっかり蓋をして冷暗所で保存。なるべく早く使いきりたい。酸化しにくい油を選んだり、小びんで購入するのもおすすめ。

サクサクの定番衣

基本の天ぷら衣

配合（4人分）

衣

小麦粉…1〜1カップ強
卵黄…1個分
冷水…1カップ

基本のレシピ

材料（4人分）

具材は好みで
えび…8尾
さつまいも…小1個
まいたけ…1/2パック
ピーマン…2個
青じそ…4枚
上記配合の衣
塩、酒…各少々
揚げ油…適量
天つゆ（作り方 p.23 参照）

作り方

1. えびは殻をむいて背わたをとり、尾の先を切り落として水をしごき出す。塩と酒を振り10分おく。さつまいもは8㎜厚さに切り、ピーマンは4等分、まいたけは4つに分ける。具材の水けをしっかりふきとる。
2. 揚げなべに揚げ油を熱し、青じそは裏側だけに衣をつけて160℃で揚げる。野菜類に衣をつけて170℃で揚げる。えびに衣をつけて180℃で揚げる。
3. しっかり油をきって器に盛り、天つゆを添える。

ふんわり軽い洋風衣

フリッター衣

配合（4人分）

小麦粉…大さじ3
水…大さじ3
かたくり粉…大さじ2
塩…小さじ1/3
こしょう…少々
ベーキングパウダー…小さじ1/2
サラダ油…小さじ1

作り方

すべての材料をボウルに入れ、泡立て器でまぜ合わせる。

会席料理でおなじみのつぶつぶ衣

道明寺揚げ衣

配合（4人分）

卵白…1個分
道明寺粉…1/2カップ

作り方

揚げだねをといた卵白にくぐらせ、道明寺粉をまぶす。

カリッと香ばしい衣

ピーナッツ揚げ衣

配合（4人分）

卵白…1個分
ピーナッツ…1/2カップ

作り方

揚げだねをといた卵白にくぐらせ、あらく砕いたピーナッツをまぶす。低めの温度で揚げて。

白ごまでも、黒ごまでも

ごま揚げ衣

配合（作りやすい分量）

卵白…1個分
いり白ごままたはいり黒ごま
…1/2カップ

作り方

揚げだねをといた卵白にくぐらせ、ごまをまぶす。

好みの衣を

揚げだねを卵白にくぐらせたら、好みの食材で衣をつけて。ピーナッツ以外にも好みのナッツで試してみましょう。ポテトチップスを砕いた衣は、子どもが大喜びの味。

フレーバーオイル

ローズマリーブレンドオイル

華やかな香りで肉料理におすすめ

配合（作りやすい分量）

ローズマリー…1～2枝
タイム…1～2枝
にんにく…1/2かけ
オリーブ油…適量

作り方

ハーブ類は水洗いし、水けをふきとる。オイル用のびんなどにハーブ類とにんにくを入れ、オリーブ油をひたひたに注ぎ入れる。冷暗所に4～5日おき、ハーブをとり出す。

ミントオイル

あっさりさわやか。白身魚料理に

配合（作りやすい分量）

ミント…2～3枝
オリーブ油…適量

作り方

ミントは水洗いし、水けをふきとる。オイル用のびんなどにミントを入れ、オリーブ油をひたひたに注ぎ入れる。冷暗所に2～3日おき、ミントをとり出す。

ジンジャーオリーブオイル

いつものスープに魔法の一滴

配合（作りやすい分量）

しょうがのみじん切り…50g
砂糖…小さじ1
塩…小さじ1/2
米酢…大さじ2
オリーブ油…75 mℓ

作り方

フライパンにオリーブ油以外の材料を入れ、強火で煮詰める。あら熱がとれたら保存びんに入れ、オリーブ油を注ぎ入れる。

とうがらしオイル

ピリッと味を引き締めてくれるエスニックオイル

配合（作りやすい分量）

オリーブ油…150 mℓ
赤とうがらし…1～3本
クローブ…10粒

作り方

オイル用のびんなどにとうがらしとクローブを入れ、オリーブ油をひたひたに注ぎ入れる。冷暗所に2～3日おく。

レモンオイル

さわやかで心地よい香り。野菜料理に

配合（作りやすい分量）

レモンの皮…1/2個分
柑橘のドライ皮…適量（写真はみかん）
オリーブ油…150 mℓ

作り方

オイル用のびんなどにレモンの皮と刻んだ柑橘のドライ皮を入れ、オリーブ油をひたひたに注ぎ入れる。冷暗所に2～3日おく。

ハーブを買ったらつけ込んで

ハーブは料理用に買っても、なかなか使いきれないもの。残ったものは油につけ、香りを移して使いましょう。いためるだけ、ゆでるだけの料理でも、香りがあると一段とおいしく感じられます。

ごま油、ごま

天ぷらの話

専門店の揚げ油にごま油が使われるのは、香りがよいことと、油が酸化しにくいのが理由。

食塩相当量
0g/100g

原材料
ごま

ごま油

いりごま

ごまは抗酸化物質をたくさん含んだ食材。

焙煎の話

一般的なごま油はいりごまをしぼる。いりが深いと油は色が濃く、香ばしい。いりが浅いものは、うまみと甘みが強い。

香ばしい健康油

数多くある植物油のひとつで、原料となるごまの種子をしぼった油がごま油。日本人にとってなじみの深い油で、ごま特有の甘み、うまみ、香ばしい風味があらゆる料理に深い味わいをプラスしてくれます。

また、ごま油は強い抗酸化物質を多く含むことも大きな特徴で、コレステロール値の低下、肝機能強化、免疫力の向上、がん予防などの効果が期待できるという、体にうれしい油です。さらにこの抗酸化物質の働きにより、ほかの植物油に比べ、酸化しにくいというすぐれた特徴をもっています。

ごまの美容パワー

古来より健康食、美容食として親しまれてきましたが、現在においてもごまパワーは注目されています。

美容的にいうと、まず美肌効果。肝機能の向上により、肌の水分、油分、弾力が戻ります。良質のアミノ酸、ビタミンE、抗酸化物質によるアンチエイジング効果、脂質の代謝が高まることによる体脂肪の減少効果も。さらに黒ごまは便秘解消、冷え性予防にきくといわれています。

加工法により、洗いごま、いりごま、すりごま、ねりごまなどいろいろあるので、毎日の料理に使って美容効果を確かめてみましょう。

選び方・種類

ごまと一口に言っても、さまざまな種類があります。サラダ油感覚で使えるものもあるので、いろいろ試してみては。

純正ごま油

一般的なごま油。ごまのいり具合でいろいろな味、香りがある。

オススメ料理
あえ物
いため物

太白ごま油

白ごまを焙煎せずにしぼったもの。あっさりした風味。

オススメ料理
なんにでも

黒ごま油

一般的なごま油が白ごまなのに対し、黒ごまを原料にしたもの。

白ごま

ごま油の原料にもされる。油分が豊富で、おだやかな風味。

オススメ料理
あえ物
サラダ

黒ごま

香りが強く、油分は少なめ。赤飯やおはぎに欠かせない。

オススメ料理
赤飯
菓子

すりごま

あらかじめすってある加工品。みそ汁などに加えても。

オススメ料理
煮物
あえ物

昔は僧侶の栄養源

日本のごまが食用として広まったのは飛鳥時代の仏教伝来が大きく影響しているといわれています。仏教の教えにより、殺生肉食禁止令が出され、その代用として栄養価の高いごまが普及したというわけです。

精進料理の食材としてあえ物、ごまどうふなど僧侶たちの栄養源のひとつになっていました。同じころ、搾油の技術も伝わりましたが、手しぼりのため、ごま油、ごまは貴重品扱いで、朝廷、大名、寺院など上層階級の食べ物でした。江戸時代に入ってごまの量産が実現し、庶民のあこがれが身近になり、本格的なごま食文化が確立されていったようです。

使い方

ごま油はスパイスと相性がよく、いため物に使うほか、香り油にしても。ごまはあえ物や煮物に加えてコクと風味を生かしましょう。

調理効果

ごま油

- 香りと風味をつける。あえ物の仕上げに
- 劣化しにくい。揚げ油にごま油をまぜると長もち
- 少量加えてゆでると青菜などは色鮮やかに

ごま

- しょうゆやみそなど、ほかの調味料と合わせると風味がつく
- コクを出す。ごまだれ、煮物など

保存方法

ごま油はほかの植物性油に比べて酸化しにくいので、しっかり蓋をして冷暗所におけば半年ほどもつ。ごまはしっかり密閉して保存を。

ごまで
和える

あえ物の定番 基本のごまあえ

配合（ほうれんそう 2 束分）

あえ衣

- すり白ごま…大さじ 4
- 砂糖…大さじ 1
- しょうゆ…大さじ 1/2

memo

ほうれんそうの水けはしっかりしぼって。あえるときは、手であえると手早くまんべんなくできます。

基本のレシピ

材料（4人分）

ほうれんそう…2 束
上記配合のあえ衣
塩…少々

作り方

1 ほうれんそうは水洗いし、塩を加えた湯でゆでる。冷水にとって冷やし、水けを軽くしぼる。
2 3 ㎝長さに切り、しっかりしぼってあえ衣であえる。

蒸し鶏やたたきごぼうにも ごま酢

配合（作りやすい分量）

いり白ごま…1/2 カップ
米酢…3/4 カップ
砂糖…大さじ 2
薄口しょうゆ…小さじ 2

作り方

なべにごま以外の材料を入れて火にかけ、ひと煮立ちさせて冷ます。すり鉢で半ずりにしたごまに少しずつ加えて、粒が残る程度にすりまぜる。

酢であっさり

香ばしいごまと、あっさり味の酢は好相性。なすや大根などの淡泊な野菜をあえるだけでも、じゅうぶんおいしい一品に。

きりっとした味わい あっさりごまあえ

配合（ほうれんそう 2 束分）

いり白ごままたはいり黒ごま
…大さじ 4
しょうゆ…大さじ 2

作り方

ごまは香ばしくいり、すり鉢でねっとりするまで、よくする。しょうゆを加えてすりまぜる。

ふんわりとやさしい味 白あえ衣

配合（4 人分）

木綿どうふ…1/2 丁
いり白ごま…大さじ 2
砂糖…大さじ 2
塩…小さじ 1/4
薄口しょうゆ…小さじ 1/2
だし…適量

作り方

とうふはさっとゆで、冷まして水けをきる。ごまはねっとりするまで、すり鉢でよくすり、とうふ、砂糖と塩、しょうゆの順に加えてすりまぜる。かたさを見ながら、だしを加えてすりのばす。

マヨネーズを足して

やさしい和のおそうざい白あえ。マヨネーズを足すと、油分がまろやかさを、酸味がすっきりした味わいを与えてもっと親しみやすい味に。

韓国のおなじみあえ物

基本のナムル

memo

ナムルは具材の特性に合わせて調味料の配合をかえて。ビビンバなど最後にまぜ合わせると、ぐんと複雑な味に。

もやしのナムル

配合（もやし 1 袋分）

ごま油…小さじ 2
すり白ごま…小さじ 1
おろしにんにく、塩…各少々

ほうれんそうのナムル

配合（ほうれんそう 1 束分）

ごま油…大さじ 1
すり白ごま…小さじ 1
おろしにんにく、塩…各少々

大根のナムル

配合（大根 200g 分）

ごま油…小さじ 2
すり白ごま、砂糖…各小さじ 1
おろしにんにく、塩…各少々

にんじんのナムル

配合（にんじん 1/2 本分）

ごま油…大さじ 1
すり白ごま…小さじ 1
おろしにんにく、塩、こしょう…各少々

ぜんまいのナムル

配合（ぜんまい 200g 分）

ごま油…小さじ 2
しょうゆ…大さじ 1
すり白ごま、コチュジャン…各小さじ 1
砂糖、おろしにんにく…各少々

本格中華の味

基本のバンバンジー

配合（鶏もも肉 2 枚分）

砂糖…大さじ 2.5
酢…大さじ 2
おろししょうが…小さじ 2
しょうゆ…大さじ 7
ラー油…大さじ 2
ねり白ごま…大さじ 5
ごま油…大さじ 1

基本のレシピ

材料（4人分）

鶏もも肉…2 枚
きゅうり…1 本
しょうがの薄切り…3 枚
酒…大さじ 4
上記配合のたれ
いり白ごま…適量

作り方

1 肉の皮目を下にして耐熱容器に並べ、しょうがをのせて酒を振り、ラップをかけて電子レンジで 6 ～ 7 分加熱する。そのまま冷まして食べやすく裂く。
2 きゅうりは斜め薄切りにする。
3 器に 1 と 2 を盛り、よくまぜ合わせたたれをかけ、いり白ごまを振る。

酸味をきかせたすっきり味

洋風ごまだれ

配合（作りやすい分量）

ねり白ごま…1/4 カップ
砂糖…大さじ 1
レモン汁…大さじ 1
バルサミコ酢…大さじ 4
オリーブ油…大さじ 1

作り方

ボウルにねりごまと砂糖を入れてよくまぜ、残りの材料を順に加えながらまぜる。

いためだれにもおすすめ

中華風ごまだれ

配合（作りやすい分量）

ねり白ごま…1/4 カップ
にんにくのみじん切り…1/2 かけ分
しょうがのみじん切り…1/2 かけ分
ねぎのみじん切り…5 cm分
赤とうがらしの小口切り…1 本分
砂糖…大さじ 1
しょうゆ…1/4 カップ
酢…大さじ 1
ごま油…大さじ 1

作り方

ボウルにねりごまと砂糖を入れてよくまぜる。砂糖がとけたら、しょうゆ、酢、ごま油を順に加えながらまぜ、残りの材料を加えてよくまぜる。

グリルにも

あえだれとして使うほか、鶏のグリルに塗るのもおすすめ。焼いて火を通した鶏肉にたれを塗り、軽く仕上げにあぶって。ごまの風味が香ばしい中華風グリルに。

野菜のごま煮

里いもや大根など淡泊な野菜で

配合（里いも 8 個分）

煮汁

砂糖…大さじ 1/2
酒…大さじ 1/2
みりん…大さじ 1/2
しょうゆ…大さじ 1
だし…1.5 カップ

仕上げ

すり白ごま…大さじ 2

memo

ほんのり甘い煮物に、ごまでコクをプラスします。

里いものごま煮の作り方

材料（4人分）

里いも…8 個
上記配合の煮汁
仕上げ
塩…少々

作り方

1 里いもは皮をむき、塩でもんでぬめりをとる。
2 なべに煮汁と里いもを入れ、中火で煮立ててアクをとり、落とし蓋をして弱火で煮る。
3 汁けが少なくなったら落とし蓋をとり、汁けをとばす。仕上げのごまを加え、全体にからめる。

魚のごまみそ煮

さわらなどのさっぱりした魚で

配合（魚 4 切れ分）

水…1.5 カップ
すり黒ごま…大さじ 6
赤みそ…大さじ 2
みりん…大さじ 2
砂糖…大さじ 1
しょうゆ…小さじ 2

作り方

なべにすべての材料を入れ、火にかける。魚を加えて蓋をし、煮汁をかけながら 10 分煮る。

担担めん

ピリ辛味にひき肉のうまみたっぷり

配合（4 人分）

味つけ

豆板醤…小さじ 2
豆鼓《とうち》のみじん切り…大さじ 1
しょうゆ…大さじ 3
塩…少々
ねり白ごま…大さじ 4

スープ

鶏ガラスープ…7 カップ

作り方

ねぎ、にんにく、しょうがのみじん切りをいため、配合の味つけと豚ひき肉を加えていため、配合のスープを加えて煮る。ゆでた中華めんを加えてでき上がり。

肉の黒ごま煮

脂の多い豚肉をこってり煮て

配合（豚肉 400g 分）

煮汁

水…1.5 カップ
酒…1/2 カップ
砂糖…大さじ 1.5

味つけ

すり黒ごま…大さじ 4
しょうゆ…大さじ 2

作り方

なべに煮汁の材料と、熱湯で下ゆでした豚肉を入れ、水を足しながら強火で 30 分煮る。味つけの材料を加えてさらに 30 分煮、そのまま冷まして味を含ませる。

黒と白、食材との相性は

脂の多い豚肉は香りが高い黒ごまで煮ると風味が立ちます。淡泊な野菜には油分が多い白ごまを合わせてコクを出しましょう。

オリーブ油

食塩相当量
0g/100g

原材料
オリーブ
エキストラバージンオリーブ油

オリーブの話

強いアクがある果実。塩漬けは、渋抜き加工したり、発酵させてアクをなくして造られている。

オリーブ漬け

オリーブの実の塩漬け。未熟果を使った緑のもの、完熟果を使った黒のものがある。

選び方・種類

日本で販売されているオリーブ油は製法によって大きく分けて2種類。料理によって使い分けても。

エキストラバージンオリーブ油

オススメ料理
サラダ
パスタ

果実からしぼったままのフレッシュな味。香りとコクが強い。

ピュアオリーブ油

オススメ料理
揚げ物
いため物

バージン油と精製油をブレンドしたもの。加熱向き。

精製オリーブ油

低等級のバージン油を化学的に精製したもの。日本では販売されていない。

油の優等生

オリーブの実からしぼり出した油で、イタリア料理には欠かせません。その70％を占めるオレイン酸は悪玉コレステロールだけを減らせるすぐれもの。また、血糖値の上昇を抑制、血圧を下げる働きもあるとされ、油脂類の中で最も体にやさしい油といわれています。

料理に使うとフルーティーな香りとコクがリッチな味わいにしてくれます。驚くほどに高価なものもありますが、比較的安価な輸入品が手に入るようになりました。

好みの風味を探して

人類が最初に手に入れたとされる油で黄金の液体とも呼ばれており、産地とオリーブの種類によって色や香りに違いがあります。

ドレッシングや、人気の前菜ブルスケッタ、バターのかわりにパンにつける、など加熱せずにそのまま使うエキストラバージンオリーブ油は、時間をかけて好みの風味を探していくのも楽しいものです。

加熱向けのピュアオイルとともに直射日光の当たらない涼しいところで保存し、どんどん使って早めに使いきりましょう。

ピザに、パスタに、じゃがいもに

ジェノベーゼ

配合（作りやすい分量）
にんにく…2 かけ
松の実…50g
アンチョビー…5 枚
オリーブ油…250 ㎖
バジル…80g
粉とうがらし…少々

作り方
にんにく、松の実、アンチョビーをミキサーにかけてピューレ状にする。少量ずつオリーブ油とバジルを交互に入れてミキサーにかけ、クリーム状になったら、粉とうがらしを加えてまぜる。

ワインにぴったり

オリーブのレバーペースト

配合（作りやすい分量）
レバー
（ぶつ切りにして
血抜きしておく）…100g
オリーブ油…大さじ 2
にんにくの薄切り…1 かけ分
玉ねぎの薄切り…1/4 個分
オリーブ…5 個
マッシュルーム…3 個
ワイン…少々
塩、こしょう…各少々

作り方
フライパンにオリーブ油とにんにくを熱し、香りが出たら玉ねぎとレバーをいためる。塩、こしょう、ワイン、マッシュルームとオリーブも加え、軽くまぜ合わせて火を止める。冷めたらミキサーにかける。

野菜やバゲットに添えて

塩麹オリーブ油ペースト

配合（作りやすい分量）
オリーブ油…500 ㎖
塩麹…大さじ 8

作り方
塩麹とオリーブ油をミキサーで乳化するまで数分攪拌《かくはん》する。

野菜の甘みを引き出して

にんじんペースト

配合（作りやすい分量）
にんじん…1 本
にんじんのゆで汁…適量
オリーブ油…大さじ 1
自然塩…大さじ 1/2

作り方
にんじんはまるごと弱火でゆでる。乱切りにして、オリーブ油、自然塩、少量のゆで汁とともにミキサーにかける。

野菜、肉、魚、どんな料理にも合う

タプナード

配合（4 人分）
グリーンオリーブの
塩水漬け（種抜き）…100g
にんにく（つぶしておく）…1 かけ
アンチョビー…3 枚
ケッパーの酢漬け…8 粒
エシャロットのみじん切り…1/2 個分
オリーブ油…1/2 カップ

作り方
ミキサーにすべての材料を入れて、ミンチ状になるまで攪拌《かくはん》する。

タプナードとは

フランスのプロバンス地方の料理。現地では、パンに塗ったり、ゆで卵に添えたり、じゃがいもにあえたりといろいろに楽しまれています。黒いオリーブで作ることも。

こんがり焼いてから蒸し焼きに
アクアパッツァ

配合（たい1尾分）

ベース
- にんにくのみじん切り…2かけ分
- オリーブ油…大さじ2

煮汁
- ミニトマト…7～8個
- 白ワイン…2/3カップ

味つけ
- 塩、こしょう…各適量

アクアパッツァのレシピ

材料（4人分）

たい…1尾

A
- あさり（砂出し済み）…200g
- 黒オリーブ…8個
- ケッパー…大さじ1
- ローズマリー…1枝

上記配合のベース
煮汁
味つけ

イタリアンパセリのみじん切り…適量
塩、こしょう…各少々

作り方

1 たいは下ごしらえして両面に切り込みを入れ、塩、こしょうを振る。
2 なべにベースを熱してたいを両面焼く。Aと煮汁を加えて蓋をし、あさりの口が開くまで蒸し焼きにする。
3 味つけを加えて火を止める。仕上げにイタリアンパセリを散らす。

ねぎやカリフラワーなどの野菜で
オイルビネガー蒸し煮

配合（ねぎ2本分）

ベース
- フェンネルシード…小さじ1/2
- オリーブ油…大さじ2

味つけ
- りんご酢…大さじ3
- あらびき黒こしょう…少々

作り方

フライパンにベースを入れて弱めの中火にかける。野菜を加えて転がすようにまぜ、油をまわす。味つけのりんご酢をまわし入れ、蓋をして蒸し煮にし、仕上げにあらびき黒こしょうを振る。

脂ののったさばやぶりで
魚のコンフィ

配合（魚4切れ分）

- イタリアンパセリ…3本
- タイム…1枝
- にんにく…1/2かけ
- 粒白こしょう…5粒
- ローリエ…1枚
- オリーブ油…1/2カップ

作り方

魚に塩をして水けをふきとり、ファスナーつきの保存袋に上記配合のすべての材料とともに入れる。なべに保存袋がかぶるくらいの熱湯を沸かし、火を止めて袋を入れ、10分おく。

オーブンでじっくり加熱して
砂肝のコンフィ

配合（鶏の砂肝500g分）

- 塩…大さじ1
- こしょう…小さじ1/3
- タイム…3枝
- ローリエ…3～4枚
- ローズマリー…1枝
- オリーブ油…1カップ

作り方

ポリ袋に砂肝と上記配合の材料すべてを入れて一晩おく。オーブンに入れられる大きさのなべに中身を移して火にかけ、砂肝から泡が出たら蓋をし、110℃のオーブンで2時間煮る。

アクアパッツァとは

オリーブ油で魚を焼き、水とワインだけで蒸し煮するイタリア料理。ブイヨンやだしを使わないので、頭や骨ごと1尾で煮込むのが最もおいしいとされています。

パスタソース

アンチョビークリームソース

深いコクのあるソース

配合（4人分）

アンチョビーのみじん切り…4～5枚分
生クリーム…1カップ
にんにく…1かけ
ベーコンの細切り…4枚分
オリーブ油…大さじ4
こしょう…少々

作り方

にんにくはたたきつぶす。オリーブ油を熱し、にんにくとアンチョビー、ベーコンをいためる。アンチョビーが煮とけたら、生クリームを少しずつ加えて煮詰め、こしょうを振る。

ゴルゴンゾーラソース

チーズの風味が濃厚なソース

配合（4人分）

ゴルゴンゾーラチーズ…100g
にんにく…小2かけ
生クリーム…1と1/3カップ
バター…小さじ2
オリーブ油…小さじ2
あらびき黒こしょう…適量

作り方

チーズをあらくつぶす。にんにくはたたいてつぶす。フライパンにバターとオリーブ油、にんにくを入れ、弱火で香りを出す。生クリームとチーズを加えてまぜ、弱火で煮詰める。にんにくをとり出し、あらびき黒こしょうを振る。

たらこソース

おとなから子どもまで大好きな味

配合（4人分）

たらこ…2腹
レモンのしぼり汁…1/2個分
マヨネーズ…大さじ6

作り方

たらこをほぐして、レモン汁とマヨネーズを加えてまぜる。

ブロッコリーソース

パスタやドリア、ゆで野菜に

配合（4人分）

ブロッコリー…2個
アンチョビーのみじん切り…3枚分
にんにくのみじん切り…1かけ分
赤とうがらし…1本
パルメザンチーズ…1/4カップ
オリーブ油…大さじ5

作り方

ブロッコリーは小房に分け、やわらかくゆでる。ゆで汁はとっておく。フライパンにオリーブ油大さじ3とにんにく、アンチョビー、赤とうがらしを弱火にかけて香りを出す。ブロッコリーを加えて中火にし、ゆで汁1カップを足しながらいためる。火を止め、残りのオリーブ油とチーズを加える。

和風ごまソース

ごまとオリーブ油の香りがマッチ

配合（4人分）

にんにくのみじん切り…4かけ分
赤とうがらし（種をとる）…2本
すり白ごま…大さじ4
塩…適量
オリーブ油…大さじ3

作り方

フライパンにオリーブ油、にんにくを入れて中火にかける。にんにくから気泡が出てきたら火を止め、残りの材料を加えてまぜる。

ケッカソース

さわやかな冷製トマトソース

配合（4人分）

フルーツトマト…8個
にんにくのあらみじん切り…1かけ分
エキストラバージンオリーブ油…大さじ4
生バジル…10枚
塩、こしょう…各少々

作り方

トマトは湯むきし、1㎝角に切る。ボウルにトマト、にんにく、塩、こしょう、オリーブ油、ちぎったバジルを順に加えてまぜる。

ペペロンチーノ

シンプルにとうがらしの風味を楽しむ

配合（4人分）

赤とうがらしの小口切り…4本分
にんにくの薄切り…2かけ分
オリーブ油…大さじ4～5

作り方

フライパンにオリーブ油とにんにく、赤とうがらしを入れて弱火にかけ、薄く色づくまでゆっくりいため、にんにくがカリカリになったら火を止める。

マヨネーズ
ケチャップ
ソース

Mayonnaise,
Ketchup,
Sauce

マヨネーズ

卵の話

コレステロールを多く含むとされる卵だが、じつは血中コレステロールを抑制する成分も含んでいる。健康な人ならあまり神経質にならないで。

乳化の話

油と酢がまざっているマヨネーズ。ほかのドレッシングのように分離しないのは、卵黄に含まれる成分の乳化作用によるもの。

食塩相当量
2.3g/100g

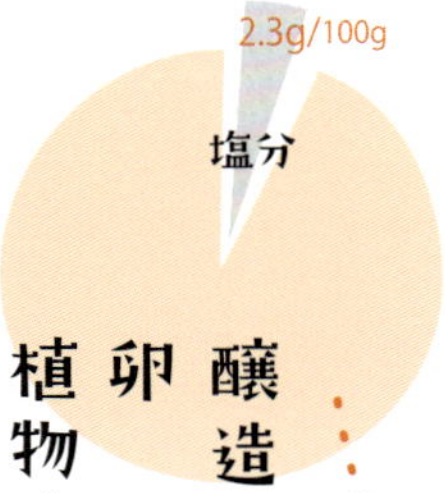

原材料
醸造酢
卵
植物油

卵黄型

脂質
72.3%

卵の乳化作用で油っぽさはあまり感じないが、ほとんどが植物性油などの脂質。カロリーには気をつけて。

マヨラー出現！

発売当初はなかなか受け入れられなかったマヨネーズですが、食生活の欧米化に伴い、いまではどんな食べ物にもマヨネーズをつけて食べてしまうマヨネーズ好きの人＝マヨラーまで出てくるほど、日本の食卓に定着しました。

略してマヨといい、ツナマヨ、えびマヨ、たらマヨなどはおにぎりの具としても支持されています。

アメリカから持ち込んだそのままの味ではなく、日本人の口に合うよう、また栄養価を高くしようとアレンジされた日本版マヨネーズは本家本元のアメリカでも好評です。

手作りも楽しめる

植物油と醸造酢を卵で乳化させ、食塩、調味料などで味をととのえて作るのがマヨネーズ。乳化とは水と油、油と酢のように、本来はまざり合わない液体がまざり合うようになることをいいます。

多種多様のマヨネーズが市販されるようになりましたが、素材にこだわったり、オリジナルの味を探求したりと家庭で手作りマヨネーズを楽しむ人も多くなっています。マヨネーズに少し手を加えたタルタルソースやオーロラソースも人気。ただ、手作り

選び方・種類

健康面に配慮した製品も多い。材料や製法によって、さっぱりしたものからコクのあるものまで味わいもさまざま。

卵黄マヨネーズ

日本でシェアが広いタイプ。全卵タイプよりコクがある。

オススメ料理
コクがほしい料理に

全卵マヨネーズ

卵をまるごと使用したタイプ。まろやかで料理になじみやすい。

オススメ料理
なんにでも

マヨネーズタイプ

エネルギーが通常より低いもの、ノンコレステロールタイプなどのマヨネーズの総称。

オススメ料理
ダイエット中に

豆乳マヨネーズ

卵を使用せず、豆乳や酢、マスタードで作られたマヨネーズ風の調味料。

オススメ料理
あっさりさせたいときに

のものは日もちがしないので保存に注意し、早めに使いきって。

生野菜を食べなかった？

マヨネーズの語源は諸説ありますが、スペイン・メノルカ島の港町マオンで作られていた〝マオネッサ＝マオン風〟というソースの名に由来するというのが有力です。

日本で市販され始めたのは1925年。メーカーの創業者は留学先のアメリカで生野菜にマヨネーズをかけて食べる人々を見て驚いたそうです。サラダバーがポピュラーとなった現在からは考えられませんが、そのころの日本では生野菜を食べる習慣がまったくなかったのだとか。販売当初はびん入りでしたが、昭和に入って、チューブタイプができ、主流となりました。

使い方

サラダや揚げ物のソースとして添える。そのほか、いためだれに加えたり、ホットケーキやハンバーグの生地に加えるなどアイデア次第で活用可能。

調理効果

- 生地をふっくらさせる。ハンバーグやホットケーキなどの生地に
- クリーミーにする。フレンチドレッシングに加えて

- コクを出す。ピザトーストやグラタンなどに加えて

保存方法

しっかり蓋をしめて冷蔵庫で保存。開封後は油が酸化するので、1カ月以内に使いきりたい。0度以下、30度以上だと分離してしまうので注意。

えびのうまみがアップ！
基本のエビマヨ

配合（えび 400g 分）

ベース
にんにくのみじん切り…1 かけ分
しょうがのみじん切り…1 かけ分
サラダ油…大さじ 2

煮汁
鶏ガラスープ…大さじ 4

味つけ
マヨネーズ…大さじ 4
しょうゆ…小さじ 2

memo
子ども向けの味つけにするならマヨネーズ大さじ 4、トマトケチャップ大さじ 1、練乳大さじ 1/2 にしてみてください。

基本のレシピ

材料（4人分）
えび…400g
レタス…1/2 個
ねぎのみじん切り…1/2 本分
上記配合のベース
　　　　　煮汁
　　　　　味つけ
塩、こしょう…各少々

好みで…
クレソンの葉先…1 本分

作り方
1 えびは殻をむいて塩、こしょうする。
2 フライパンにベースを入れていため、香りが出たらえびを加えていため、さらに煮汁を加えて煮詰め、ねぎを入れて味つけする。
3 食べやすく切ったレタスとクレソンを器に敷き、2 を盛る。

せん切りキャベツをたっぷり添えて
肉のマヨいため

配合（豚肉 300g 分）
マヨネーズ…大さじ 5
和がらし…大さじ 1
しょうゆ…大さじ 1.5
おろしにんにく…小さじ 1/2
酒…大さじ 2

作り方
豚肉をいためて酒を振り、アルコール分がとんだら、残りの調味料をすべて加える。

大根やきゅうりなど淡泊な野菜で
野菜のピリ辛マヨいため

配合（大根 1/2 本分）

ベース
にんにくのみじん切り
　…小さじ 1
しょうがのみじん切り
　…小さじ 1
サラダ油…大さじ 1

いためだれ
マヨネーズ…大さじ 2
しょうゆ…大さじ 1
豆板醤…小さじ 2
塩…少々

作り方
ベースをフライパンでいためて、拍子木切りにした大根を加えていためる。いためだれで調味する。

貝類や、きのこにおすすめ
ミルクマヨいため

配合（ほたて貝柱 150g 分）

ベース
しょうがの薄切り…2 かけ分
ねぎの薄切り…10 ㎝分
豆板醤…少々
サラダ油…大さじ 1

いためだれ
マヨネーズ…大さじ 4
かたくり粉…小さじ 1
薄口しょうゆ…小さじ 2
牛乳…1/2 カップ

作り方
ベースの材料をフライパンでいため、いためだれをひと煮立ちさせ、さっとゆでたほたて貝柱を加えてまぜる。

いため物にもマヨネーズ

冷蔵庫に大根しかない、そんなときもマヨネーズがあれば一品料理が作れます。いためるとマイルドな味わいになるマヨネーズ。ここに豆板醤の辛みの刺激を足すと、うまみのあるいため物のでき上がり。

みそ味でごはんのおかずにぴったり

肉のマヨ焼き

配合（肉 300g 分）

たれ

マヨネーズ…大さじ 1
みそ…大さじ 1
ねぎのみじん切り…12 ㎝分

memo

マヨネーズでコクが加わるので、淡泊な鶏肉などを使いましょう。

鶏のマヨネーズ焼きのレシピ

材料（4 人分）

鶏胸肉…300g
ピザ用チーズ…適量
酒…大さじ 1
塩…少々
上記配合のたれ

好みで…

モロッコいんげん

作り方

1 鶏肉は皮を除いてそぎ切りにし、酒と塩で下味をつけておく。
2 鶏肉をグリルで 5 分ほど焼き、裏返してチーズ、まぜ合わせた配合のたれをのせて 2 分焼く。
3 器に盛り、好みで塩ゆでしたモロッコいんげんを添える。

鮭、たら、カキに合う

魚のマヨネーズ焼き

配合（魚 4 切れ分）

マヨネーズ…大さじ 6
半熟ゆで卵の黄身…1 個分
粉チーズ…大さじ 2
しょうゆ…少々

作り方

すべての材料をまぜ合わせる。魚をフライパンで五分焼きにし、配合の材料をまぜ合わせたたれをからめて焼き上げる。

マッシュルームをエスカルゴ風に

きのこのマヨ焼き

配合（マッシュルーム 20 個分）

マヨネーズ…1/3 カップ強
パン粉…1/2 カップ
パセリのみじん切り
　…大さじ 2
にんにくのみじん切り
　…小さじ 2

作り方

上記配合のすべての材料をまぜ合わせ、軸をとったマッシュルームの裏側に詰める。グラタン皿に並べ、180℃のオーブンで 15 分ほど焼く。

ステーキのつけ合わせに

じゃがいものマヨ焼き

配合（じゃがいも 3 個分）

マヨネーズ…1/2 カップ
おろしにんにく…1 かけ分
ウスターソース…小さじ 1/2
好みのハーブのみじん切り
　…1/4 カップ

作り方

材料をすべてまぜ合わせる。下ゆでしたじゃがいもにかけて、オーブンでこんがり焼く。

田楽風にくしに刺しても

とうふのマヨ焼き

配合（とうふ 1 丁分）

おろしにんにく…小さじ 1
しょうゆ…小さじ 2
マヨネーズ…大さじ 5

作り方

すべての材料をまぜ合わせる。水きりして厚さを半分に切ったとうふの上にのせ、オーブントースターで 3 分焼く。

マヨネーズでケーキ

マヨネーズを使うと卵やバターなしでもケーキが作れます。ボウルにマヨネーズ大さじ3と砂糖100gを合わせてまぜ、牛乳1カップでときのばし、小麦粉200gとベーキングパウダー小さじ1をふるい入れます。型に流して180℃のオーブンで40分。パウンドケーキのような焼き上がりです。

マヨで
和える
マヨネーズディップ

大根サラダやアスパラガスに
たらこマヨネーズ

配合（作りやすい分量）
マヨネーズ…大さじ４
たらこ…小１腹
レモン汁…大さじ 1/2

作り方
たらことマヨネーズを合わせ、レモン汁を振ってさらによくまぜる。

マヨネーズ風ヘルシーだれ
ソイマヨネーズ

配合（作りやすい分量）
豆乳（無調整）…1/2 カップ
酢…大さじ２
塩…小さじ 1/6
こしょう…少々

作り方
ボウルに豆乳を入れ、酢を加えてまぜ合わせ、とろりとしたら、塩、こしょうで味をととのえる。

青菜やカリフラワーをあえて
和風ごまマヨネーズ

配合（作りやすい分量）
マヨネーズ…大さじ 1.5
しょうゆ…小さじ２
すり白ごま…大さじ 1/2
砂糖…小さじ１

作り方
すべての材料をまぜ合わせる。

たっぷりのレタスにつけて
塩昆布マヨネーズ

配合（作りやすい分量）
塩昆布…20g
マヨネーズ…大さじ４

作り方
塩昆布をこまかく切り、マヨネーズとあえる。

手巻きずしのアレンジに
わさびマヨネーズ

配合（作りやすい分量）
マヨネーズ…大さじ４
ねりわさび…小さじ２
しょうゆ…小さじ１

作り方
すべての材料をまぜ合わせる。

魚介のサラダに
オレンジマヨネーズ

配合（作りやすい分量）
オレンジ果汁…１カップ
レモン汁…大さじ２
サラダ油…大さじ６
マヨネーズ…大さじ１
塩…少々
こしょう…少々

作り方
オレンジ果汁は煮詰めて冷まし、レモン汁、サラダ油、塩、こしょうと合わせてまぜ、最後にマヨネーズを加えてまぜる。

野菜のグリルに添えて
りんごのサワーマヨネーズ

配合（作りやすい分量）
プレーンヨーグルト…120g
マヨネーズ…60g
りんご…1/2 個
塩…少々
こしょう…少々

作り方
りんごはよく洗い、皮つきのまま１㎝の角切りにする。ボウルにすべての材料を入れてまぜる。

こってりまろやかな味
チーズマヨネーズ

配合（作りやすい分量）
マヨネーズ…大さじ 1
クリームチーズ…50g

作り方
クリームチーズは室温において やわらかくねり、マヨネーズと合わせる。

ハムサンドにおすすめ
からしマヨネーズ

配合（作りやすい分量）
マヨネーズ…大さじ 4
和がらし…小さじ 1/2

作り方
すべての材料をまぜ合わせる。

たけのこなど山菜に
おかかマヨネーズ

配合（作りやすい分量）
マヨネーズ…大さじ 2
しょうゆ…大さじ 1/2
削り節…6g
塩…少々

作り方
すべての材料をまぜ合わせる。

まぜるだけのかんたんレシピ
バーニャカウダ風マヨネーズ

配合（作りやすい分量）
マヨネーズ…大さじ 5
アンチョビーのみじん切り…2 枚分
おろしにんにく…少々

作り方
すべての材料をまぜ合わせる。

ピリ辛で、うまみたっぷり
ホットマヨネーズ

配合（作りやすい分量）
しめじ…1/2 パック
マヨネーズ…大さじ 5
豆板醤…大さじ 1 強
酒…大さじ 1 強

作り方
しめじは石づきをとり、あらみじんに切る。フライパンにマヨネーズ、豆板醤、酒を入れて火にかけ、しめじをいためる。

冷ややっこにかけて
ごまみそマヨネーズ

配合（作りやすい分量）
マヨネーズ…大さじ 5
すり白ごま…大さじ 4
合わせみそ…大さじ 1
砂糖…小さじ 1

作り方
すべての材料をまぜ合わせる。

焼いた鶏肉に添えて
ゆずこしょうレモンマヨネーズ

配合（作りやすい分量）
マヨネーズ…大さじ 2
ゆずこしょう…小さじ 1
レモン汁…小さじ 1

作り方
すべての材料をまぜ合わせる。

さっぱりヘルシーマヨ
きゅうりマヨネーズ

配合（作りやすい分量）
マヨネーズ…大さじ 4
きゅうり…1 本

作り方
きゅうりはすりおろして軽く汁けをきり、マヨネーズとよくまぜる。

魚介のフライに欠かせない
タルタルソース

配合（作りやすい分量）

玉ねぎのあらみじん切り…1/6 個分
ゆで卵のあらみじん切り…1 個分
ピクルスのあらみじん切り…1/2 本分
ケッパーのあらみじん切り…小さじ 1
マヨネーズ…大さじ 4
粒マスタード…小さじ 1
塩…ひとつまみ
砂糖…ひとつまみ
こしょう…適量

作り方

すべての材料をまぜ合わせる。

買いおきの漬け物で
和風タルタル

配合（作りやすい分量）

マヨネーズ…大さじ 4
ゆで卵のみじん切り
…1/2 個分
しょうがの甘酢漬けの
みじん切り…大さじ 1
あさつきの小口切り…2 本分

作り方

しょうがの甘酢漬けは汁けをきり、すべての材料をまぜ合わせる。

辛さで味が引き締まる
マスタードマヨネーズ

配合（作りやすい分量）

マヨネーズ…大さじ 2
マスタード…小さじ 1

作り方

よくまぜ合わせる。

肉のフライにも
グリーンソース

配合

マヨネーズ…1/3 カップ
クレソン…1/3 束
おろしわさび…小さじ 2
酒…小さじ 1

作り方

クレソンは葉先のやわらかい部分を摘み、みじん切りにする。残りの材料と合わせ、よくまぜる。

和風サンドイッチにおすすめ
梅マヨネーズ

配合（作りやすい分量）

マヨネーズ…1/2 カップ
梅肉…大さじ 2

作り方

梅干しの種を除いて包丁でこまかくたたき、ペースト状にして梅肉大さじ 2 を用意する。マヨネーズに加えてまぜ合わせる。

カレー粉の量は好みで
カレーマヨネーズ

配合（作りやすい分量）

マヨネーズ…1/2 カップ
カレー粉…小さじ 1 ～ 1 と 1/3
おろし玉ねぎ…大さじ 1
レモン汁…小さじ 1

作り方

すべての材料をまぜ合わせる。

鶏肉にもタルタルソース

タルタルソースに合う料理はえびフライだけではありません。揚げた鶏肉を南蛮酢につけ、タルタルソースを添えたチキン南蛮は今や全国区となった宮崎県のご当地グルメです。

やっぱりおいしい黄金レシピ

基本のポテトサラダ

配合（じゃがいも大３個分）

にんじん…1/2 本
きゅうり…１本
玉ねぎ…1/2 個
ハム…４枚
マヨネーズ…大さじ３
塩…少々
こしょう…少々

基本のレシピ

材料（４人分）

じゃがいも…大３個
塩…少々
上記配合の具材

作り方

1 じゃがいもは六つ割りにし、水にさらす。にんじんは四つ割りにする。
2 1をやわらかくなるまで塩ゆでし、湯をきって、じゃがいもの水分をとばす。
3 じゃがいもはボウルに入れ、あたたかいうちにつぶし、塩を振ってまぜる。
4 にんじんはあら熱をとって１㎜厚さのいちょう切りにする。きゅうりは薄切りにして濃いめの塩水に入れてもみ、水けをしぼる。玉ねぎはみじん切りにして水にさらす。ハムは１㎝角に切る。
5 3のボウルに4を入れ、マヨネーズ、塩、こしょうで調味し、よくまぜ合わせる。

おとなの味

クリームチーズマスタードポテトサラダ

配合

クリームチーズ…30g
マスタード…大さじ２
塩…少々

作り方

基本のレシピを参照にじゃがいもをゆで、すべてをまぜる。

わさびで味を引き締めて

和風ごまポテトサラダ

配合

いり黒ごま…大さじ３
青ねぎの小口切り…大さじ３
マヨネーズ…大さじ 1/2
ねりわさび…大さじ１
塩…少々

作り方

基本のレシピを参照にじゃがいもをゆで、すべてをまぜる。

アンチョビーの塩けで味つけ

アンチョビーレモンポテトサラダ

配合

アンチョビー…３枚
マヨネーズ…大さじ１
あらびき黒こしょう…大さじ１
レモン汁…大さじ３

作り方

基本のレシピを参照にじゃがいもをゆで、アンチョビーはあらみじんに切る。すべてをまぜる。

リッチな味わい

アボカドポテトサラダ

配合

アボカド…１個
レモン汁…大さじ２
マヨネーズ…大さじ１
塩…少々

作り方

基本のレシピを参照にじゃがいもをゆで、アボカドは１㎝角に切る。すべてをまぜ合わせる。

ほかにも…

塩鮭ポテトサラダ

コーンビーフポテトサラダ

フライドオニオンポテトサラダ

塩けや油分がある食材はポテトサラダ向き。自分のお気に入りを探しましょう。

トマトケチャップ

トマトの話

トマト

トマトは、水分が多く保存や運搬がしづらい野菜。しかし、多くのうまみ成分を含む味が人々を魅了し、多くの加工品が開発された。

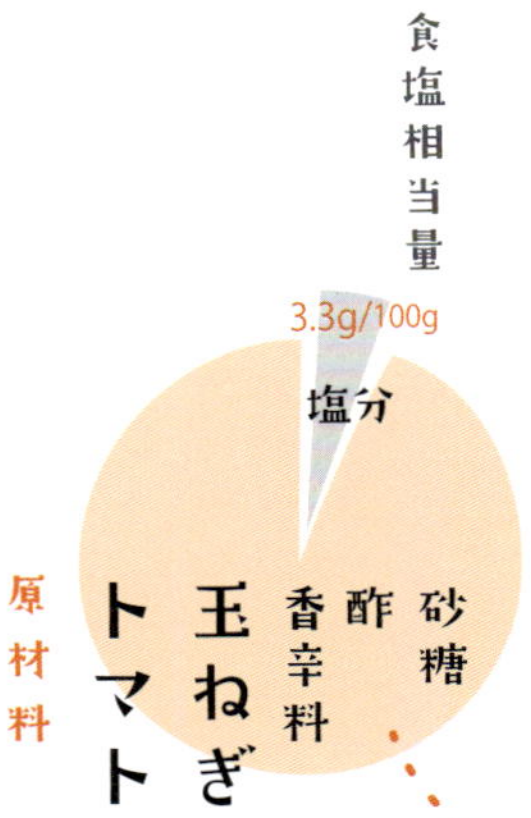

トマトケチャップ

使い方

定番は卵料理やフライドポテトに添える食べ方。そのほか、きんぴらや焼き魚など和のそうざいに合わせてもおいしい。

選び方・種類

調味されたケチャップは調味料として、味つけされていないトマトペーストは幅広い料理に使えます。

トマトケチャップ

オススメ料理
ピラフ
卵料理

うまみと酸味、甘さを持つ調味料。煮物やいため物にもおすすめ。

トマトペースト

オススメ料理
スープ
ソース

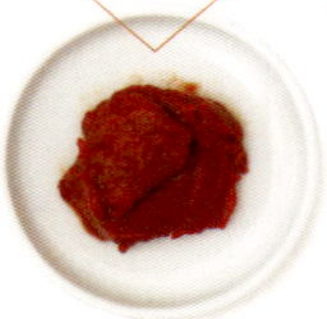

トマトを裏ごしして煮詰めたもの。煮込み料理にコクを与える。

トマト缶

トマトを湯むきしてジュース漬けにした食材。輸入品も多い。

ヘルシー洋風調味料

熟したトマトを煮詰めて裏ごししたトマトペーストに、塩、酢、砂糖、香辛料などを加えて調味したものがトマトケチャップ。鮮やかな赤色は見た目も華やかにしてくれるので、オムライスなど卵料理の仕上げに用いられるほか、バランスのよいうまみが料理の下ごしらえや隠し味としても活躍します。

また赤色のもとになるリコピンはフレッシュトマトより多く含まれ、がん予防や老化防止の効果、疲労回復効果が期待できる健康食品です。

トマトだけではない？

トマトケチャップの日本誕生は、1908年、マヨネーズより少し先輩となります。

日本では一般的にケチャップ＝トマトケチャップですが、もともとは魚介類をベースにしたソースや、植物素材を材料とするソースなど、ソース全般をさす言葉。世界的にはマッシュルームケチャップ、クルミケチャップ、マンゴーケチャップなどが知られています。

くさみや油っぽさを消してくれるのでケチャップ好きな子どもの、苦手な料理に加えてみては？

みんな大好き、甘口チリソース

基本のえびチリ

配合（えび 300g 分）

いためだれ

- トマトケチャップ…大さじ 2
- しょうゆ…大さじ 1
- 鶏ガラスープのもと…小さじ 1/2
- 水…3/4 カップ
- 豆板醤…小さじ 1

memo

えびはいためたら一度とり出し、最後にソースと合わせれば加熱しすぎを防げます。

基本のえびチリレシピ

材料（4人分）

えび…300g
にんにくのみじん切り…1 かけ分
しょうがのみじん切り…1 かけ分
ねぎのみじん切り…1/4 本分
塩、こしょう…各少々
サラダ油…大さじ 1.5
上記配合のいためだれ
水どきかたくり粉
（かたくり粉大さじ 1　水大さじ 1）

作り方

1. えびは下ごしらえして、塩、こしょうする。油（分量外）でさっといためてとり出す。
2. フライパンにサラダ油を熱し、にんにくとしょうがをいためて香りを出す。
3. 配合のいためだれを加え、煮立ったら水どきかたくり粉でとろみをつける。
4. ねぎを加え、1 を戻し入れてひと煮し、器に盛る。

おとなも納得の味

本格えびチリソース

配合（えび 300g 分）

ジャン

- 豆板醤…大さじ 1
- 水…少々
- トマトケチャップ…大さじ 2

スープ…1/2 カップ
酒…大さじ 1/2
砂糖…小さじ 1

作り方

基本のレシピ参照。配合のジャンは、作り方 **2** で加える。それ以外の調味料は作り方 **3** で加える。

から揚げに添えてもおいしい

かに玉の甘酢あん

配合（かに玉 4 人分）

トマトケチャップ…大さじ 4
砂糖…大さじ 4
酢…大さじ 4
酒…大さじ 2
鶏ガラスープ…1.5 カップ
かたくり粉…大さじ 1

作り方

すべての調味料を合わせ、よくまぜながら火にかけ、とろみをつける。

揚げた魚をあえても

和風えびチリ

配合（えび 300g 分）

梅肉…大さじ 1
砂糖…大さじ 8
トマトケチャップ…大さじ 4
しょうゆ…大さじ 4
酒…大さじ 4
酢…大さじ 2

作り方

すべての材料を作り方 **3** で加える。

レバーや牛肉で

肉のケチャップいため

配合（レバー 300g 分）

トマトケチャップ…大さじ 3
しょうゆ…大さじ 2
酒…大さじ 1
みりん…大さじ 1
水…1/2 カップ

作り方

いためたレバーに上記配合の調味料を加えてからめる。水どきかたくり粉でとろみをつけてでき上がり。カレー粉を加えるのもおすすめ。

ビタミンCがたっぷり

トマトのビタミンCは加熱に強いタイプ。同じくビタミンCが豊富なレバーといためて、ビタミンたっぷりのおかずに。トマトケチャップの酸味と甘みで食べやすいです。

ごはんを加えて
いためれば完成

基本のオムライス

配合（ごはん茶わん 4 杯分）

ウインナソーセージ…100g
コーン缶（ホール）…2/3 カップ（100g）
玉ねぎのあらみじん切り…小 1/2 個分
トマトケチャップ…大さじ 6
塩…小さじ 1/3
こしょう…少々

基本のレシピ

材料（4 人分）

ごはん…茶わん 4 杯分
上記配合の具材と調味料
卵…8 個
牛乳…大さじ 4
塩、こしょう…各少々
バター…40g
サラダ油…大さじ 1

作り方

1. 具材のウインナソーセージは 5 ㎜厚さに切る。卵はときほぐして牛乳と塩、こしょうを加えてまぜる。
2. フライパンにサラダ油を熱し玉ねぎをしんなりするまでいため、上記配合の具材と調味料を加えて水分がなくなるまでいためる。ごはんを加えていため、いったんとり出す。
3. フライパンをふき、バター 1 人分 10g をとかし、卵液の 1/4 量を流し入れてまぜ、半熟状になったら卵の手前側に **2** の 1/4 量をのせて卵で包む。器に移して形をととのえ、トマトケチャップ適量（分量外）をかける。

ぴりっと辛みをきかせて
チキンライス

そぼろ

配合（ごはん 4 杯分）

トマトケチャップ…100g
鶏ももひき肉…100g
黒こしょう…適宜
一味とうがらし…適宜
豆板醤…適宜

作り方

フライパンに材料を入れ、ほどよく水分がとぶまで 5 ～ 6 分中火で煮込む。ごはんをまぜればチキンライスに。

タコライスの具

タコミート

配合（4 人分）

合いびき肉…400g
玉ねぎのあらみじん切り…1 個分
にんにくのみじん切り…2 かけ分
白ワイン…大さじ 4
トマトケチャップ…大さじ 6
ウスターソース…大さじ 2
砂糖…小さじ 1
塩…ふたつまみ

作り方

にんにくを弱火でいためて香りを出し、玉ねぎ、ひき肉の順に加えていためる。調味料を上記の順に加えていため合わせる。

ケチャップなしでさっぱり味
チキンライス

さっぱり

配合（ごはん 4 杯分）

鶏もも肉…1 枚
玉ねぎ…1/2 個
マッシュルーム…8 個
バター…大さじ 4
白ワイン…1/2 カップ
トマトピューレ…1 カップ
塩…小さじ 1
こしょう…少々

作り方

具材はすべて小さく切る。フライパンにバターをとかし、鶏肉、玉ねぎ、マッシュルームの順にいためる。調味料を上記の順に加え、2 ～ 3 分煮る。ごはんをまぜればチキンライスに。

タコライスのソース

サルサソース

配合（作りやすい分量）

ミニトマトの四つ割り…8 個分
香菜のざく切り…1 本分
トマトケチャップ…大さじ 1
レモン汁…大さじ 1

作り方

すべての材料をまぜ合わせる。

ごはんは熱々のものを

チキンライスのベースはこてっと粘度があり、ごはんとまざりにくい状態です。あたたかくてほぐれやすいごはんとまぜ合わせるのがキーポイント。

熱々のごはん

酸味と甘みのグッドバランス

基本のナポリタン

配合（スパゲッティ 320g 分）

ベース

玉ねぎの薄切り…1 個分
サラダ油…大さじ 2

調味料

トマトピューレ…大さじ 8
トマトケチャップ…大さじ 4
塩、こしょう…各少々

memo

トマトピューレを加えるとさらりとした仕上がりに。味のバランスもよくなります。

基本のレシピ

材料（4 人分）

スパゲッティ…320g
ソーセージ（ハムでも）…10 本
ピーマン…2 個
マッシュルーム缶…100g
上記配合のベース
　　　　　調味料

作り方

1 ソーセージは 7 ㎜厚さの斜め切りに、ピーマンは 2 ㎜幅の輪切りにする。
2 パスタは袋の表示に従ってゆで、ざるに上げる。
3 配合のベースをいため、1 とマッシュルームをいため合わせる。
4 油がなじんだら、配合の調味料を加えてまぜ合わせる。
5 4 に 2 を加えてまぜる。

子どものころを思い出す味

レトロ ナポリタン

配合（スパゲッティ 320g 分）

玉ねぎ…1 個
マーガリン…大さじ 4
トマトケチャップ…大さじ 6
牛乳…大さじ 6
塩、こしょう…各少々

作り方

玉ねぎは 2 ㎝角に切り、マーガリンでじっくりいためる。ハムやピーマンなど好みの具材と、配合の材料を加えていため合わせる。ゆでたパスタとあえる。

うまみが濃い、ごちそう風

おすまし ナポリタン

配合（スパゲッティ 320g 分）

玉ねぎの薄切り…200g
オリーブ油…大さじ 4
トマトケチャップ…大さじ 4
湯…大さじ 4
パルメザンチーズ…60g
バター…20g

作り方

オリーブ油で玉ねぎをいためる。ハムやピーマンなど好みの具材もいため合わせる。トマトケチャップと湯を加えて煮る。ゆでたパスタとパルメザンチーズを加えてよくあえ、最後にバターを加えてからめる。

レストランの味

ナポリタンをつやよく仕上げたいなら、最後にバターを加えてよくからめましょう。見ばえがよくなるだけでなく、口あたりもまろやかになります。

＋

レンジで作るデミグラスで

簡単 ハヤシライス

配合（牛肉 350g、玉ねぎ 2 個分）

トマトケチャップ…1/4 カップ
赤ワイン…大さじ 2
とんカツソース…大さじ 2
顆粒スープのもと…小さじ 1
おろし玉ねぎ…大さじ 1
ローリエ…1 枚
あらびき黒こしょう…少々
バター…小さじ 1

作り方

バター以外をすべて入れてまぜ、ラップをせずに電子レンジで約 2 分加熱する。熱いうちにバターを加えてよくまぜる。小麦粉をまぶした牛肉、玉ねぎをいためたところに加えて煮込めば、ハヤシライスに。

昔ながらの懐かしい味

定番 ハヤシライス

配合（牛肉 350g、玉ねぎ 2 個分）

バター…大さじ 2
赤ワイン…2/3 カップ
コンソメスープ…2/3 カップ
ローリエ…1 枚
トマトケチャップ…1/2 カップ
塩、こしょう…各少々
しょうゆ…大さじ 1

作り方

小麦粉適量をまぶした牛肉とくし形切りにした玉ねぎを配合のバターでいため、煮汁を上記の順に加えて煮込む。仕上げにしょうゆを加える。

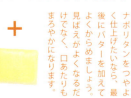

ハンバーグを焼いた油を使って

基本のハンバーグソース

配合（ハンバーグ 4 個分）

ハンバーグの焼き汁…4 個分
バター…20g
トマトケチャップ…大さじ 4
しょうゆ…大さじ 1

基本のレシピ

材料（4 人分）

合いびき肉…400g
玉ねぎのみじん切り…1/2 個分
とき卵…1 個分
パン粉…1/2 カップ
牛乳…大さじ 2
塩…小さじ 1/2
こしょう、ナツメグ…各少々
上記配合の調味料
サラダ油…大さじ 1.5

好みで…
ゆでブロッコリー
にんじんのグラッセ

作り方

1 玉ねぎをサラダ油大さじ 1 でしんなりするまでいため冷ます。パン粉は牛乳にひたす。
2 ボウルにひき肉、1、とき卵、塩、こしょう、ナツメグを加えてよくねりまぜる。 4 等分して小判形にまとめる。
3 フライパンに残りのサラダ油大さじ 1/2 を入れて火にかけ 2 を並べる。強火で片面をこんがり焼き、返して蓋をしたら弱火にして約 8 分焼く。
4 ハンバーグをとり出し、焼き汁が残ったフライパンに上記配合の調味料を加えてまぜ、ソースにする。

いためた玉ねぎのうまみを生かす

煮込みハンバーグ

配合（ハンバーグ 4 個分）

玉ねぎの薄切り…1/2 個分
コンソメスープ…1 カップ
トマトケチャップ…大さじ 4
ウスターソース…大さじ 2
バター…大さじ 1

作り方

基本のレシピ作り方 3 で、ハンバーグを焼く横で玉ねぎをいためる。玉ねぎが透き通ったら、配合の調味料を加えて、ハンバーグを煮込む。水分が半量になるまで煮詰める。

ピリッとしたおとなの味

ペッパーソース

配合（ハンバーグ 4 個分）

ハンバーグの焼き汁…4 個分
バター…100g
にんにくの薄切り…1 かけ分
あらびき黒こしょう…小さじ 2
レモン汁…大さじ 1
バジルのみじん切り…大さじ 1

作り方

ハンバーグの焼き汁にバターをとかし、にんにく、あらびき黒こしょう、レモン汁を加え、仕上げにバジルを加える。

シンプルで上品なソース

バターソース

配合（ハンバーグ 4 個分）

バター…100g
パセリのみじん切り…大さじ 1
レモン汁…大さじ 1
塩、こしょう…各少々

作り方

なべにバター、塩、こしょうを入れて火にかけ、なべをゆすりながら煮とかす。バターがきつね色になったらパセリを入れ、仕上げにレモン汁を加える。

風味豊かなソース

ワインソース

配合（ハンバーグ 4 個分）

ハンバーグの焼き汁…4 個分
赤ワイン…大さじ 3
中濃ソース…大さじ 2
トマトケチャップ…大さじ 2
ねりがらし…少々

作り方

ハンバーグの焼き汁にからし以外の調味料をすべて加えてまぜ、煮立てる。火を止めて、からしを加えてまぜ合わせる。

さっぱり和風ソース
レモンしょうゆソース

配合（ハンバーグ 4 個分）
しょうゆ…大さじ 3
レモンのしぼり汁…1/2 個分
大根おろし…1/4 本分
青じそのせん切り…6 枚分

作り方
器に盛ったハンバーグに、大根おろしと青じそをのせ、しょうゆとレモン汁をまぜ合わせてかける。

チキンに合わせてさっぱりめ
チキンソテーバーベキューソース

配合（鶏肉 600g 分）
トマトケチャップ
…大さじ 3
しょうゆ…大さじ 2
はちみつ…大さじ 1
おろし玉ねぎ…大さじ 1
おろしにんにく…小さじ 1

作り方
玉ねぎとにんにくをフライパンでいため、残りの調味料と合わせる。ソテーした鶏肉に。

洋食屋さんの定番の味
ポークソテーソース

配合（豚肉 600g 分）
トマトケチャップ…大さじ 3
ウスターソース…大さじ 1
砂糖…大さじ 1
レモン汁…大さじ 1
水…大さじ 1
マスタード…小さじ 1
バター…10g
おろしにんにく…1 かけ分
塩、こしょう…各少々

作り方
材料をすべて加えてまぜ合わせ、煮詰める。ソテーした豚肉にかける。

ごはんにぴったりの味
しょうがみそソース

配合（ハンバーグ 4 個分）
だし…大さじ 4
みそ…大さじ 3
砂糖…小さじ 2
しょうゆ…小さじ 1
おろししょうが…小さじ 1

作り方
しょうが以外のすべての材料を小なべに煮立て、火を止めたらしょうがを加えてまぜ合わせる。

まぜたらでき上がり
チキンソテーレモンケチャップソース

配合（鶏肉 600g 分）
トマトケチャップ…大さじ 4
しょうゆ…大さじ 1/2
レモン汁…大さじ 1

作り方
すべての材料をまぜ合わせる。

こっくりとした濃厚味
トンテキソース

配合（豚肉 600g 分）
トマトケチャップ…大さじ 4
みりん…大さじ 4
ウスターソース…大さじ 4
しょうゆ…大さじ 8
バター…大さじ 4

作り方
配合のバターで豚肉をソテーし、こんがり焼けたら残りの調味料を加えて煮詰める。

和風の調味料と合わせて

ケチャップにみりんやしょうゆなど和風の調味料を合わせると、おかずにぴったりの味つけに。いためたにんにくを加えると、さらにごはんの進む味。

みりん

しょうゆ

使いまわせる基本ソース
基本のトマトソース

配合（作りやすい分量）

トマト水煮缶…2 缶（800g）
にんにく…1 かけ
玉ねぎのみじん切り…1/2 個分
ローリエ…小 1 枚
オリーブ油…大さじ 3 ～ 4
塩…小さじ 2/3
こしょう…適量
砂糖…小さじ 1/2 ～ 1

作り方

なべに、オリーブ油、つぶしたにんにく、ローリエを入れ、弱火にかけて香りを出す。玉ねぎを加えて、色づくまでいためる。トマトをつぶしながら加え、20 分ほど煮る。さらに塩、こしょう、砂糖を加えて煮詰める。

トマトの味をダイレクトに
シンプル トマトソース

配合（作りやすい分量）

トマト水煮缶
…2 缶（800g）
にんにく…1 かけ
オレガノ…小さじ 1
塩…少々
オリーブ油
…大さじ 3 ～ 4

作り方

なべにオリーブ油、つぶしたにんにくを入れ、香りが立つまでいためる。トマトを加えて木じゃくしでつぶし、強火で 10 ～ 15 分煮詰める。オレガノと塩を加え、ひと煮する。

おとなの味わい
レバー ミートソース

配合（作りやすい分量）

基本のトマトソース
（作り方上記参照）…1 カップ
鶏レバーのみじん切り…100g
バジルのみじん切り…大さじ 2
パセリのみじん切り…大さじ 2
塩、こしょう…各少々
バター…大さじ 2

作り方

フライパンにバターを熱してレバーをいため、色が白っぽくなったらトマトソースを加える。ひと煮立ちしたら塩、こしょうし、バジルとパセリを加え、弱火で 1 ～ 2 分煮詰める。

少量でも作りやすくて便利
即席 トマトソース

配合（作りやすい分量）

トマトジュース…2 カップ
玉ねぎのみじん切り
…1/2 カップ
おろしにんにく
…1/2 カップ
塩…小さじ 2
こしょう…少々
バター…大さじ 1

作り方

なべにバターを入れ、玉ねぎをいためる。そこに残りの材料を入れ、味をみながら半量くらいになるまで煮詰める。

手作りすれば格別の味
ミートソース

配合（4 人分）

ベース
玉ねぎのみじん切り…1 個分
にんじんのみじん切り…1 本分
セロリのみじん切り…1 本分
合いびき肉…300g

トマト水煮缶…1 缶（400g）

煮汁
おろししょうが…1 かけ分
おろしにんにく…1 かけ分
水…1 カップ

塩…小さじ 1
しょうゆ…大さじ 1
赤ワイン…1/2 カップ
オリーブ油…大さじ 2
小麦粉…大さじ 1

memo

パスタとよくからむよう、小麦粉でとろみをつけます。

基本のレシピ

材料（4 人分）

上記配合のソース
スパゲッティ…300g
粉チーズ…適量

作り方

1 なべに配合のオリーブ油を熱し、ベースの野菜類をいためてひき肉を加え、パラパラにいためたら小麦粉を振り入れ、弱火で粉っぽさがなくなるまでいためる。
2 赤ワインを加えてアルコール分をとばし、トマトの水煮をつぶしながら加える。配合の煮汁を加えて、30 ～ 40 分アクをとりながら煮込む。
3 配合のしょうゆと塩を加えて調味する。
4 スパゲッティを袋の表示より 1 分短くゆで、湯をきったら 3 をからめて粉チーズを振る。

スピード ミートソース

じっくり煮込むのがおいしいミートソースですが、時間がないときは少なめの水で煮、中濃ソースでコクを足しましょう。仕上げにしょうゆ少々を振ると、さらに味が引き締まります。

ミネストローネ

冷蔵庫にある野菜を加えて

配合（4人分）
ベーコン…2枚
玉ねぎ…1/4個
トマト水煮缶…1缶（400g）
水…2カップ
固形スープ…2個
ローリエ…1枚
塩、こしょう…各少々

作り方
ベーコン、玉ねぎを細切りにしていためる。玉ねぎが透き通ったら、トマトの水煮、水、固形スープ、ローリエと好みの野菜を加えて20分ほど煮る。塩、こしょうで味をととのえる。

ガスパチョ

よく冷やしてどうぞ

配合（4人分）
おろしにんにく…小さじ1/2
トマトジュース…3カップ
オリーブ油…小さじ2
塩、こしょう…各少々

作り方
すべての材料をまぜ合わせて冷やす。刻んだトマト、きゅうり、玉ねぎなどを入れた器に注げばでき上がり。

イタリアンシーフードなべ

白ワインでリッチな味

配合（4人分）
トマトソース
（作り方p.120参照）…1.5カップ
白ワイン…1/4カップ
水…4カップ
塩、こしょう…各少々

作り方
なべにすべての材料を入れて沸騰させる。海鮮類から煮る。

おすすめの具材
海鮮類、ブロッコリー、ほうれんそうなど。
しめはリゾットにするのがおすすめ

シンプルトマトなべ

具材のうまみを味わう

配合（4人分）
にんにく…1かけ
トマト水煮缶…1缶（400g）
水…2カップ
オリーブ油…大さじ2
塩…小さじ1

作り方
なべにオリーブ油とにんにくをいためて香りを出す。トマトの水煮をつぶしながら加える。水と塩を加えて10分ほど煮込む。肉類などの具材から煮る。

おすすめの具材
豚肉、玉ねぎ、芽キャベツなど。
しめはパスタがおすすめ

中華風トマトなべ

豆板醤で辛さを調節して

配合（4人分）
トマトジュース…2カップ
にんにくのみじん切り…2かけ分
豆板醤…小さじ2
中華風スープ…2カップ
ごま油…大さじ1
しょうゆ…大さじ1

作り方
土なべにごま油を熱し、にんにくと豆板醤を入れていためる。香りが出たら、トマトジュース、スープを加えて煮立たせ、しょうゆで味をととのえる。好みの具材を加えて煮る。

おすすめの具材
しいたけ、にら、とうふ、あさりなど。
しめはラーメンがおすすめ

ソース

材料の話

さまざまな野菜や果物のしぼり汁と香辛料、醸造酢を基本とした調味料。油は一切含まれていないので、意外とヘルシー。

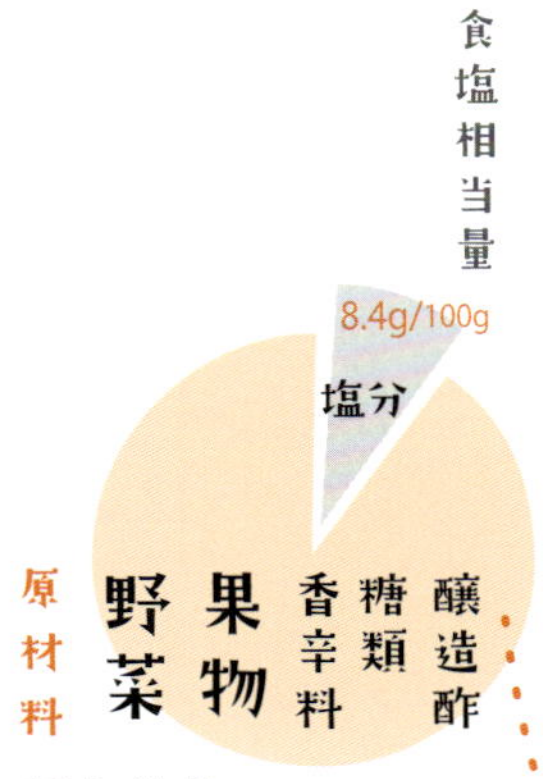

ウスターソース

玉ねぎ

りんご

トマト

主な材料は、りんご、トマト、玉ねぎなど。

海外のソース

ウスターソースはイギリス生まれ。本場のソースは酢と玉ねぎがベースのスパイシーなもので、ステーキなどのソースにされる。

日本製はフルーティー？

正式にはウスターソースといい、野菜や果実をスープ状にして酢、塩、砂糖、香辛料などを加えて調味したものです。原料によって粘度が異なりますが、共通していえるのは脂質を含まないこと。醸造酢が原料に入っているので保存料などの添加物が少ないことで、安心して使えます。

日本人好みに改良したものは原料にアンチョビーを使わず、果実を加えて酸味や辛みを控え、スパイシーというより、フルーティーな風味が生かされています。さらに、日本独自のとんカツソースやお好み焼きソースが作られるようになりました。

何をかける？

同じ日本でも、地域ごとに好まれるソースのタイプが異なります。たとえば、お好み焼きやたこ焼きが一般家庭の食として根づいている関西地方では専用に作られた濃厚ソースがメジャーとなっています。といっても総体的な話で、ふつうはソースと思われるとんカツにしょうゆをかける人もいれば、目玉焼きにソース、カレーにしょうゆというように、好みの味は人それぞれ。

いずれにしろ、イギリス生まれのウスターソースは日本で進化し、現在も

選び方・種類

ソースは主に濃度によって種類が分かれます。香辛料の辛さも異なるので、好みの味を選びましょう。

ウスターソース

さらっと液体状のソース。やや辛口で幅広い料理に使える。

オススメ料理
いため物
煮込み

とんカツソース

果物や野菜の繊維質がとろみとして残ったタイプ。やや甘口。

オススメ料理
豚肉料理

中濃ソース

ウスターとんカツの中間の濃さ。辛みと甘みのバランスがよい。

オススメ料理
フライ
洋風料理

お好みソース

甘みが強いソース。パイナップルやデーツなどの果物が含まれている。

オススメ料理
お好み焼き

バリエーションを広げています。

「ソーライス」って？

世界各国で親しまれている今日のウスターソースはイギリスのウスターシャー州で誕生しました。

日本へ伝わったのは江戸末期で、明治後期にかけて一般家庭にも普及しました。

昭和初期の不景気のころには食堂でライスだけを注文して卓上ソースをたっぷりかけて食べる〝ソーライス〟が流行。略してソーライとも称され、いちばん安く食べられるランチとして親しまれていたようです。

もともとソースは野菜や果物の甘みやうまみ、各種スパイスの香りのある、それだけでおいしい調味料。ライスにかけただけでもじゅうぶんな、深い味わいになったのでしょう。

使い方

揚げ物にかける調味料としておなじみ。ほかにもカレーやスープのコクを出したり、バーベキューのたれにも。

調理効果

- 肉のくさみを消す。スパイスがわりにレバーなどの下ごしらえに

- コクを出す。たくさんの食材がとけ込んでいるので、煮込み料理に
- 照りを出す。糖類を含むので照りのある仕上がりに

保存方法

開封前は冷暗所に保存。開封したら冷蔵保存がおすすめ。中濃ソースやとんカツソースのほうが変質しやすいので注意。

定番の味

基本の焼きそば

配合（中華蒸しめん 4 玉分）

中濃ソース…大さじ 6
オイスターソース…大さじ 1.5

memo

風味やコクの違うソースを組み合わせて奥行きのある味に。

基本のレシピ

材料（4 人分）

中華蒸しめん…4 玉
豚バラ薄切り肉…300g
玉ねぎの薄切り…1/2 個分
キャベツ…大 4 ～ 5 枚
にんじん…1/2 本
もやし…200g
紅しょうが、青のり…各適量
上記配合のソース
サラダ油…大さじ 2

好みで…

にら

作り方

1 豚肉、キャベツ、にんじんは食べやすい大きさに切る。蒸しめんは袋ごと電子レンジで 40 秒ほど加熱する。
2 フライパンにサラダ油を熱し、豚肉をいためる。野菜類もかたい順に加え、いため合わせる。めんをほぐしながら加えて全体をいため合わせる。
3 配合のソースを加えて全体をからめ、器に盛る。好みで青のり、紅しょうがをのせる。

おとな向け焼きそば

塩ウスター焼きそば

配合（中華蒸しめん 4 玉分）

酒…大さじ 2
チキンスープ…大さじ 4
塩…小さじ 1 と 1/3
黒こしょう…少々
ウスターソース…大さじ 1 と 1/3

作り方

基本のレシピ参照。調味料は作り方 3 で上記の順に加えていく。

濃い味が好きなら試して

こってり焼きそば

配合（中華蒸しめん 4 玉分）

中濃ソース…大さじ 4
トマトケチャップ…大さじ 4
オイスターソース…大さじ 2

作り方

基本のレシピ参照。調味料は前もってまぜておき、作り方 3 で一気に加える。

洋風の味でパスタにも合う

カレー焼きそば

配合（中華蒸しめん 4 玉分）

中濃ソース…180 mℓ
カレー粉…小さじ 2

作り方

基本のレシピ作り方 2 で、オリーブ油を使用する。上記の配合のソースは、作り方 3 で一気に加える。

キムチを具に加えても

ピリ辛焼きそば

配合（中華蒸しめん 4 玉分）

しょうゆ…大さじ 6
みりん…大さじ 4
オイスターソース…大さじ 2
豆板醤…小さじ 4
ごま油…少々
酒…少々

作り方

基本のレシピ参照。調味料は前もってまぜておき、作り方 3 で一気に加える。

名古屋名物の甘辛ソース

ソースカツソース

配合（作りやすい分量）

ウスターソース…150 mℓ
とんカツソース…300 mℓ
砂糖…大さじ 1
みりん…大さじ 1

作り方

すべての材料をまぜ合わせる。カツは揚げたてをソースにくぐらせる。

香り豊かなアダルトウスター

スパイスウスター

配合（作りやすい分量）

ウスターソース…1 カップ
にんにくの薄切り…少々
ローリエ…少々
粒マスタード…少々
タイム…少々
パセリ…少々

作り方

すべての材料を合わせて煮立て、そのまま冷まして味をなじませる。

甘さと辛さが絶妙なバランス

マスタードソース

配合（作りやすい分量）

マヨネーズ…1/2 カップ
ねりがらし…大さじ 1/2
ウスターソース…小さじ 2

作り方

すべての材料をまぜ合わせる。

牛肉のカツレツに

ワインビネガーソース

配合（作りやすい分量）

とんカツソース…大さじ 4
トマトケチャップ…大さじ 1
ワインビネガー…小さじ 1/2

作り方

すべての材料をまぜ合わせる。

さらっとした和風味

ごまソース

配合（作りやすい分量）

いり白ごま…1/4 カップ
ウスターソース…1 カップ
トマトケチャップ…大さじ 3
砂糖…大さじ 1

作り方

ごまはすり鉢でよくすりまぜる。ボウルにごまと残りの材料を加え、なめらかになるまでよくまぜる。

にんにくで食欲アップ

基本のお好み焼きソース

配合（作りやすい分量）

おろしにんにく…2 かけ分
オイスターソース…大さじ 3
トマトケチャップ…大さじ 3
しょうゆ…大さじ 3
ごま油…大さじ 1
レモン汁…小さじ 2

作り方

すべての材料をよくまぜ合わせる。

トマトがジューシー

甘辛トマトのお好み焼きソース

配合（作りやすい分量）

中濃ソース…240g
トマトの角切り…1 個分
マヨネーズ…適量

作り方

トマトとソースをアルミホイルの器に入れ、お好み焼きを焼く横で加熱する。ソースがあたたまったらお好み焼きにかけ、仕上げにマヨネーズをたらす。

香ばしくてコクがある

カレーチーズのお好み焼きソース

配合（作りやすい分量）

とんカツソース…大さじ 4
カレー粉…小さじ 1.5
トマトケチャップ…大さじ 2
おろし玉ねぎ…大さじ 1
粉チーズ…大さじ 1 ～ 2

作り方

すべての材料をまぜ合わせる。

ビーフストロガノフ

濃厚ソースでリッチな味

配合（牛肉 350g、きのこ 3 パック分）

ベース

玉ねぎの粗みじん切り…1 個分
にんにくのみじん切り…1 かけ分
オリーブ油…大さじ 2

トマトペースト…大さじ 1

煮汁

白ワイン…1/2 カップ
チキンスープ…1.5 カップ
ウスターソース…大さじ 1.5
塩、こしょう…各少々

memo

玉ねぎをあめ色になるまでよくいためて味に深みを出して。

ビーフストロガノフのレシピ

材料（4 人分）

牛もも肉…350g
マッシュルーム…1 パック
塩、こしょう…各少々
上記配合のベース
　　　　　煮汁
生クリーム…1/3 カップ
レモン汁…大さじ 1
小麦粉…適量
ブランデー…大さじ 1
オリーブ油…大さじ 1/2

作り方

1 牛肉は食べやすい大きさに切り、塩、こしょうして小麦粉をまぶす。マッシュルームは薄切りにする。
2 なべに配合のベースを熱し、玉ねぎがあめ色になるまでいためたら、トマトペーストを加える。マッシュルームを加え、しっかりいためる。
3 配合の煮汁を 2 に加えて 10 分煮る。
4 フライパンにオリーブ油を熱し、牛肉をいためてブランデーを振る。アルコール分がとんだら 3 に加えて 5 分煮て火を止め、生クリームを加えて混ぜる。器に盛り、レモン汁をかける。ごはん、バターライスなどとともに。

きのこのうま

きのこをとろみあんで

煮

配合（きのこ 2 パック分）

煮汁

鶏ガラスープ…2 カップ
ウスターソース…大さじ 1/2
オイスターソース…大さじ 1/2
酒…大さじ 1
しょうゆ…大さじ 1
こしょう…少々

薄切りしょうが…1/2 かけ分
水どきかたくり粉…適量
ごま油…小さじ 1

作り方

いためたきのこに、配合の煮汁としょうがを加えて煮立て、水どきかたくり粉でとろみをつけ、仕上げにごま油を振る。

魚のソース

みそ味で和風に

煮

配合（いわし 12 尾分）

ゆずの皮のせん切り…1/2 個分
だし…3 カップ
みそ…25g
ウスターソース…大さじ 3.5

作り方

なべにすべての材料を煮立てる。頭と内臓を除いたいわしを入れて煮る。

肉のソース

いためた野菜の味をベースに

煮

配合（豚肉 500g 分）

ベース

オリーブ油…大さじ 3
玉ねぎのみじん切り…4 個分
にんにくの薄切り…6 かけ分

白ワイン…大さじ 2

煮汁

ウスターソース…大さじ 1.5 ～ 2
水…1 カップ

作り方

なべにベースの材料をじっくりいため、玉ねぎがきつね色になったら白ワインとソテーした豚肉を加えて弱火で蒸す。煮汁を加えてじっくりと煮る。

みそ＋ソース？

みそとソースの組み合わせ。ちょっと意外ですが、ソースがみそのコクをアップし、魚のくせをやわらげる優秀なペア。みそ仕立てのなべ物にソースを加えるのもおすすめです。

その他調味料

Other seasonings

わさび

代表的な和のスパイス

江戸時代初期にそばの薬味として用いられたわさびは日本原産の香辛料として世界的にも有名。これを本わさびとするなら、わさび大根とも呼ばれる西洋わさびは、ねりわさびや粉わさびの主な原料となります。

　魚の脂っぽさやくさみを消してくれる効果、また辛み成分に殺菌、防腐作用があるので食中毒などを防いでくれます。刺し身、うなぎ、ちりめんじゃこに。魚だけでなく、豚肉と玉ねぎのいため物などにも。

調味料のわさびの主原料は、わさび大根。

あっさり煮物

鶏と青菜のわさび煮

配合（青菜 2 束、鶏肉 150g 分）

煮汁
- だし…2 カップ
- 酒…大さじ 1

塩…小さじ 1/2
わさび…小さじ 1
青じそのせん切り…適量

作り方
煮汁を煮立てて肉を加え、塩で調味して青菜を加える。火を止めてわさびをとき入れ器に盛り青じそをのせる。

あえ物に。さっぱり味

わさび酢

配合（作りやすい分量）
おろしわさび…適量
だし…大さじ 2
酢…大さじ 2
薄口しょうゆ…大さじ 1/2
塩…少々

作り方
わさび以外の材料をよくまぜ、わさびと具材をあえる。うど、えびなどがおすすめ。

からし

ツンとくる黄色い薬味

わさびと同じく主に薬味として使われ、ツンと鼻に抜ける辛さが特徴です。アブラナ科のからし菜の種子を原料としており、家庭では便利なチューブ入りのねりがらしが主流です。ただし、ピリッと辛いからしが食べたいときは手間はかかりますが、粉がらしを水でねって使うといいでしょう。

　納豆、おでん、シューマイ、とんカツ、からしあえに使うのが定番。マヨネーズとあえて洋風アレンジも。

根菜は歯ごたえを残して

牛肉と根菜のからし煮

配合（牛肉 150g、根菜 400g 分）

煮汁
- だし…1.5 カップ
- 薄口しょうゆ…大さじ 2.5
- 砂糖…大さじ 1.5

ねりがらし…大さじ 2
サラダ油…大さじ 1

作り方
適当な大きさに切った具材をサラダ油でいため、煮汁を加えて水分をとばしながら煮る。ねりがらしを加えてからめる。

かぼちゃやにんじんで

甘い野菜のからし焼き

配合（かぼちゃ 1/4 個分）

焼きだれ
- ねりがらし…小さじ 2
- 酢…大さじ 1
- しょうゆ…小さじ 1

オリーブ油…大さじ 1

作り方
食べやすい大きさに切ったかぼちゃにオリーブ油を振って蒸し焼きにし、配合の焼きだれをからめてさらに焼く。

マスタード

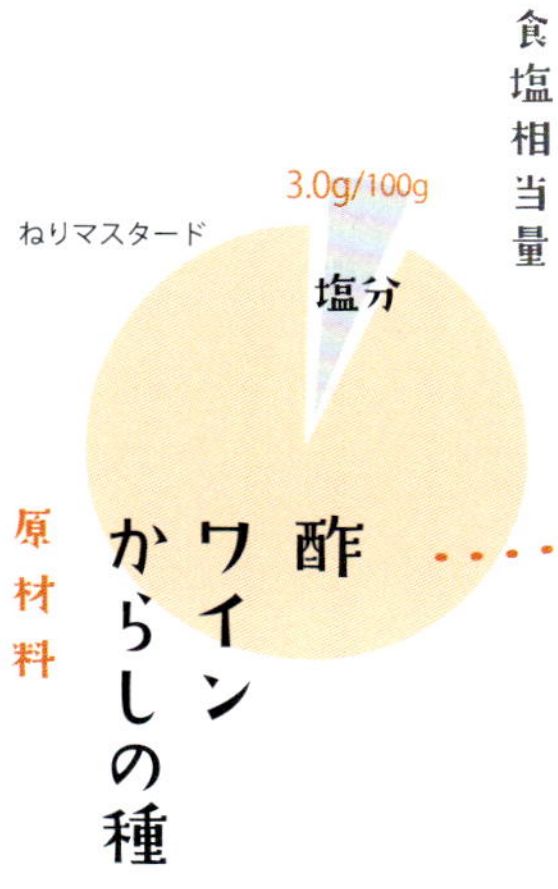

マイルドな辛さと酸味

日本のからしを和がらしとするなら、マスタードは洋がらし。違いは種子が別の品種であることと製造工程で、味は和がらしに比べると刺激性、揮発性が弱く、マイルドな辛さです。酢といっしょにねられていることが多く、酸味も含まれます。

熱に強く、素材の油っぽさを緩和してくれるのでマスタード焼きに。ピクルス、マリネにも。種の粒が残った粒マスタードはハム、ソーセージ、ローストビーフの薬味に。

焼き魚のお手軽ソース

魚のマスタード焼き

配合（魚 4 切れ分）

焼きだれ

- 粒マスタード…大さじ 4
- 卵黄…2 個分
- マヨネーズ…1/2 カップ

基本のレシピ

材料（4 人分）

生鮭…4 切れ
上記配合の焼きだれ
塩、こしょう…各適量

好みで…

- ゆでたスナップえんどう

作り方

1 鮭に塩、こしょうを振り、しばらくおいて水けをふく。
2 グリルで 1 を両面焼き、焼きだれを塗ってさらに 1～2 分焼く。
3 器に 2 を盛り、好みでスナップえんどうを添える。

マスタードの酸味がやみつき

鶏肉と野菜のマスタードいため

配合（鶏肉 360g、キャベツ 300g 分）

おろしにんにく…少々
白ワイン…大さじ 2

調味料

- 塩…少々
- こしょう…少々
- 粒マスタード…大さじ 3

サラダ油…大さじ 1

作り方

鶏肉と野菜をサラダ油でいため、ワインとにんにくを加えて水けをとばし、調味料を加えまぜる。

煮込むとまろやか味に

豚とキャベツのマスタード煮

配合（豚肉 500g、キャベツ 1/3 個分）

コンソメスープ…2 と 1/4 カップ
白ワイン…1/4 カップ
粒マスタード…大さじ 1
塩…ふたつまみ
オリーブ油…大さじ 1

作り方

豚肉に塩をしてオリーブ油で焼き、白ワインを振ってアルコール分をとばす。コンソメスープとキャベツを加えて煮込み、マスタードを加えてさらに煮る。

風味豊かなドレッシング

マスタードドレッシング

配合（作りやすい分量）

粒マスタード…大さじ 1
砂糖…小さじ 1
白ワインビネガー…大さじ 2
オリーブ油…大さじ 5 と 1/3
塩、こしょう…各少々

作り方

上記の順で調味料をまぜる。油は少しずつ加えながらまぜる。

ナンプラー

タイのしょうゆ

東南アジアのタイを代表する調味料で魚を塩といっしょにつけ込み、菌の働きで発酵させてできる魚醤のこと。日本では秋田のしょっつるが同じく魚醤として知られています。

　ナンプラーは塩分が高いことと、うまみ成分が豊富に含まれていることが特徴です。塩味が足りないとき、タイ料理ではナンプラーを加えて味をととのえるのだそうです。どんな料理も少量加えるだけで、タイ風＆エスニック風に変身します。

万能エスニックだれ
ナシゴレン風たれ

配合（作りやすい分量）

ナンプラー…大さじ 6
酢…大さじ 6
おろしにんにく…小さじ 2
砂糖…大さじ 4

作り方

すべての材料をまぜ合わせる。チャーハンの味つけに使えばナシゴレン風に。蒸し鶏のたれにもおすすめ。

さっぱり甘酸っぱい
生春巻きのたれ

配合（作りやすい分量）

レモンのしぼり汁…4 個分
ナンプラー…240 ㎖
砕いたピーナッツ…80g
一味とうがらし…小さじ 1
砂糖…小さじ 4

作り方

すべての材料をまぜ合わせる。

チリソース

エスニックなソース

チリは中南米原産のとうがらし＝チリペッパーのこと。チリソースはトマトソースの中に辛みのきいた赤とうがらし、砂糖、酢、香辛料などを加えたもので揚げ物のたれとして用いられるほか、魚介類の煮込み、サラダドレッシング、めん料理などに。

　中でも日本人になじみやすいのが少し甘めのスイートチリソース。和風のイメージが強いさつま揚げにつけると、ポピュラーなタイ料理のひとつ、トートーマンプラーに変身！

身近な調味料で手作りしても
自家製スイートチリソース

配合（作りやすい分量）

おろしにんにく…小さじ 1/2
ナンプラー…小さじ 1
砂糖…大さじ 5
酢…大さじ 4
水…大さじ 5
豆板醤…小さじ 1/2

作り方

なべにすべての材料を入れて煮立て、2～3 分煮詰める。冷ましてとろみが出てきたらでき上がり。

調味料を加えて風味アップ
トマトチリソースいため

配合（えび 300g 分）

いためだれ

スイートチリソース…大さじ 1
トマトケチャップ…大さじ 1
しょうゆ…大さじ 1/2
鶏ガラスープ…1/2 カップ

材料（4 人分）

むきえび…300g
トマト…1 個
にんにくのみじん切り…1 かけ分
上記配合のいためだれ
水どきかたくり粉
（かたくり粉大さじ 1　水大さじ 2）
サラダ油…大さじ 1

作り方

1 えびは背わたを除く。トマトはくし形切りにする。
2 フライパンにサラダ油とにんにくを入れて香りを出し、えびを加えていためる。
3 配合のいためだれ、トマトを加えて煮立て、水どきかたくり粉でとろみをつける。

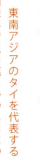

オイスターソース

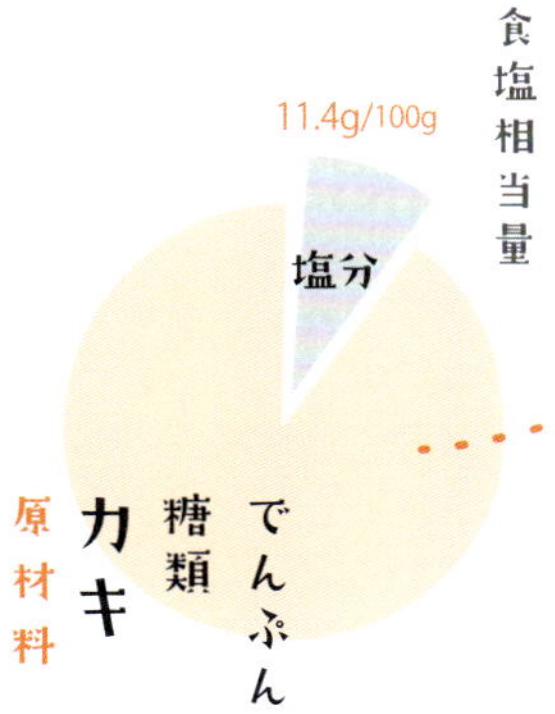

とろりと濃厚

中国広東省出身の調味料でカキ油とも呼ばれます。製法は2種類あり、塩漬けにしたカキを醗酵させ、その上澄み液を濃縮する法と、カキを煮込んだ煮汁を濃縮する法。どちらもカキのうまみと塩け、甘みがまざり合った濃厚な風味で、料理にうまみ、コク、香りを与えてくれます。野菜のいため物、煮込み料理などに。

血圧安定効果のあるアミノ酸の一種、タウリンと疲労回復効果のあるグリコーゲンが豊富に含まれます。

レタスを加えてあっさりさせて

牛肉のオイスターソースいため

配合（牛肉 200g、レタス 1/2 個分）

オイスターソース…大さじ 1
しょうゆ…大さじ 1/2
こしょう…少々

作り方

牛肉をいためて配合のたれをからめ、ちぎったレタスを加えていため合わせる。

ピリッと辛いいため物

ひき肉のバジルいため

配合（ひき肉 200g 分）

赤とうがらしの小口切り
…1/2 本分
にんにくのみじん切り
…大さじ 1/4
バジルのみじん切り…2 枚分
刻んだピーナッツ…大さじ 2
ナンプラー…大さじ 1
オイスターソース…大さじ 1
たまりじょうゆ…大さじ 1/2
砂糖…大さじ 1/2
鶏ガラスープ…大さじ 3

作り方

上記配合のたれをまぜ合わせておく。ひき肉をいため、ぱらぱらになったらたれを加える。汁けがなくなったらでき上がり。

コクがあって食べやすい煮魚

青魚のオイスター煮

配合（さんま 4 尾分）

煮汁

しょうがのせん切り…20g
水…2 カップ
酒…大さじ 4

調味料

オイスターソース…大さじ 2
しょうゆ…大さじ 1
砂糖…小さじ 2

作り方

魚は内臓と頭を除いて筒切りにし、霜降りする。煮汁を煮立てて魚を入れ、10 分ほど煮る。調味料を加え、煮汁が 1/3 量になるくらいまで煮る。

においを隠す

魚料理に加えると、魚の生ぐささを隠す働きがある。煮魚に少量加えれば味をまとめあげてくれる。

豆板醤

辛くてしょっぱい

ピリッとした辛さと発酵したそらまめの香りが魅力の豆板醤ですが、辛みだけでなく、塩けや酸味もあります。本場中国四川ではとうがらしが入っていないタイプもあって同じく豆板醤と呼ばれています。

　ジャンルを問わず幅広く使える辛み調味料。いため物では、まず豆板醤を油でいため、風味を引き出すのがコツです。みそ、納豆、チーズなど発酵食品との相性も◎。少量でも辛みは強いので使用量に注意を。

別名をそらまめみそ

日本の豆みそのそらまめ版。豆板醤のつぶつぶは、豆のかけらである。くせのないあと口で、フレンチドレッシングにまぜてもおいしい。

刺し身をのせたサラダにおすすめ

中華スパイシーだれ

配合（作りやすい分量）
豆板醤…大さじ1/2
香菜のみじん切り…大さじ1
しょうゆ…大さじ6
針しょうが…1かけ分

作り方
すべての材料をまぜ合わせる。魚介にかけるほか、野菜にあえてもおいしい。

XO醤

ぜいたくなうまみ

干し貝柱、干しえび、中国ハムなど十数種類の素材を刻み、調理してから植物油につけ込むのが一般的な作り方。その素材は乾燥品も多く、高級食材ばかり。深いコクとうまみが抜群の中華調味料です。

　いためることで香りが引き立つので焼きそばなどに。ちくわなどのねり製品と合わせたり、卵かけごはんをリッチに変身させたり、スープにまぜてみてください。冷ややっこやおかゆの薬味にもおすすめです。

名の由来

1980年代、香港のペニンシュラホテルで登場した調味料。高級な食材を原料にしており、名前の由来は、ブランデーの最高級をあらわすXOにちなんでいる。

濃厚な奥深い味わい

XO醤いためだれ

配合（作りやすい分量）
XO醤…大さじ2
しょうがのみじん切り
　…大さじ1/4
酒…大さじ1
しょうゆ…大さじ1
鶏ガラスープ…大さじ3
かたくり粉…大さじ1
塩、こしょう…各適量
ごま油…大さじ1

作り方
すべての材料をまぜ合わせる。野菜いためやチャーハンの味つけに。肉をつけ込んで、焼いてもおいしい。

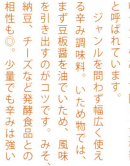

甜麺醬《テンメンジャン》

品のよい甘みとコク

小麦粉に特殊な米麹《こうじ》を加えて発酵させた中国のみそ。日本の八丁みそに砂糖、しょうゆ、ごま油を足すと似たような味になります。つまり、辛みのある甘みそというわけです。

使い方としてはみりんに近く、甘み、うまみ、コクを加え、味をなめらかにしてくれます。みそ風味のいため物や煮物、また直接、キャベツ、フライドポテト、厚揚げにつけるのもおすすめ。焼きおにぎりにしても食欲をそそる香りを出してくれます。

口にはなじみ深い

麻婆豆腐、ホイコーロー、北京ダック、ジャージャーめん……。どれも甜麺醬を使う料理。自分で使ったことがなくても、一度は口にしているはず。

ゆでためんにのせて
ジャージャーめんの肉みそ

配合（作りやすい分量）

甜麺醬…大さじ 1.5
豚ひき肉…100g
にんにくのみじん切り…小さじ 1
しょうゆ…小さじ 1
砂糖…小さじ 1/2
酒…小さじ 2
サラダ油

作り方

中華なべにサラダ油とにんにくを熱し、香りが出たらひき肉を入れてぱらぱらになるまでいため、甜麺醬、しょうゆ、砂糖、酒を加えて味をととのえる。

コチュジャン

どんな料理も韓流に

もち米に米麹《こうじ》と粉とうがらし、塩をまぜて熟成させた甘辛い韓国調味料。日本の料理によくマッチし、とくにしょうゆとの相性がベスト。シンプルな焼き魚にしょうゆ、コチュジャンを合わせてかけるといつもとは違った味わいを楽しめます。

ほかにあえ物やいため物、焼き肉のたれに。乳製品とも合うのでカマンベールチーズに合わせればおつまみにも。もっと韓国風にしたいときはにんにくやごま油をプラスして。

朝鮮宮廷御用達

とうがらしが朝鮮半島に伝来した当初から開発された辛みそ。朝鮮宮廷にも献上された記録が残る、歴史ある調味料だ。焼き肉の下味、いため物、なべ料理などあらゆる料理に使われている。

好みの量を加えて本格味に
ビビンバのピリ辛だれ

配合（作りやすい分量）

コチュジャン…大さじ 2
ねぎのみじん切り…大さじ 2
しょうゆ…大さじ 4
酢…大さじ 2
ごま油…大さじ 2
すり白ごま…大さじ 2
塩…小さじ 1

作り方

すべての材料をまぜ合わせる。ごはんにナムルと牛そぼろをのせて、たれを入れてかきまぜて食べる。スープに加えてもおいしい。

めんつゆ

和風万能調味料

調味しょうゆの一種。かつお節や昆布などで煮出した汁にしょうゆ、酒、砂糖などの調味料を加えたもの。日本人が好むうまみがすべて備わっているので、うどん、そば、天ぷらのつゆ、おでん、煮物など、どんな和食にも合います。

いろいろなタイプが市販されています。ストレートタイプはそのまま、濃縮タイプはラベル表示を参考に希釈して使って。風味が抜けやすいので必ず冷蔵庫で保管しましょう。

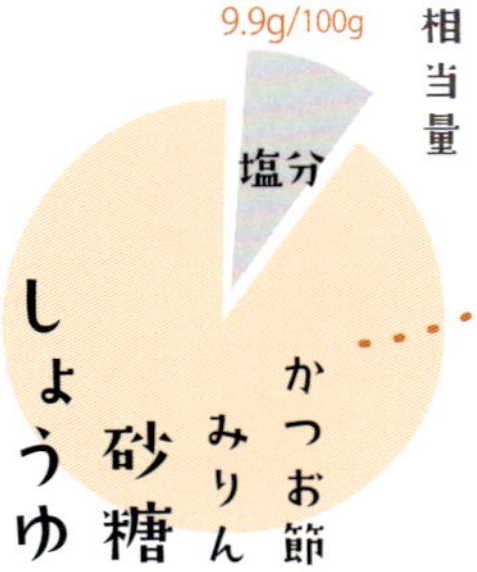

3倍濃縮

トマトめんつゆ

そうめんにぴったり

配合（作りやすい分量）

トマトジュース…750 ㎖
水…150 ㎖
めんつゆ…大さじ 2
塩…小さじ 1

作り方

すべての材料をまぜ合わせ、ひと煮立ちさせて冷やす。

とろろめんつゆ

しょうがの風味でさっぱり

配合（作りやすい分量）

長いも…400g
めんつゆ…大さじ 6
水…1 カップ
おろししょうが…小さじ 2
ごま油…大さじ 2

作り方

すべての材料をまぜ合わせる。

たらこマヨめんつゆ

コクがあって食べごたえあり

配合（作りやすい分量）

たらこ…120g
めんつゆ…大さじ 6
水…1 カップ
マヨネーズ…大さじ 4

作り方

すべての材料をまぜ合わせる。

カリフォルニアそばつゆ

そばとアボカドは好相性

配合（作りやすい分量）

アボカド…1 個
レモン汁…大さじ 2
めんつゆ…大さじ 6
水… 1 カップ
青じそのせん切り…2 枚分
わさび…適宜

作り方

アボカドは種と皮を除いてあらくつぶし、レモン汁をまぜる。めんつゆと水で割り、青じそとわさびを添える。

のりたまうどん

ゆでうどんにあえればでき上がり

配合（うどん 4 玉分）

卵…4 個
めんつゆ…大さじ 8
青のり…小さじ 2

作り方

卵はボウルにときほぐし、めんつゆを加えてまぜる。ゆでたうどんを加えてまぜ、青のりを振る。冷やしたうどんにしてもおいしい。

和風クリームドレッシング

サラダや牛肉のたたきに

配合（作りやすい分量）

生クリーム…1/2 カップ
めんつゆ…大さじ 2

作り方

すべての材料をまぜ合わせる。

乳製品

Dairy products

乳製品

栄養の話

良質なたんぱく質を含む牛乳。ヨーグルトやチーズなどの発酵製品では、さらにたんぱく質が吸収しやすく変化している。

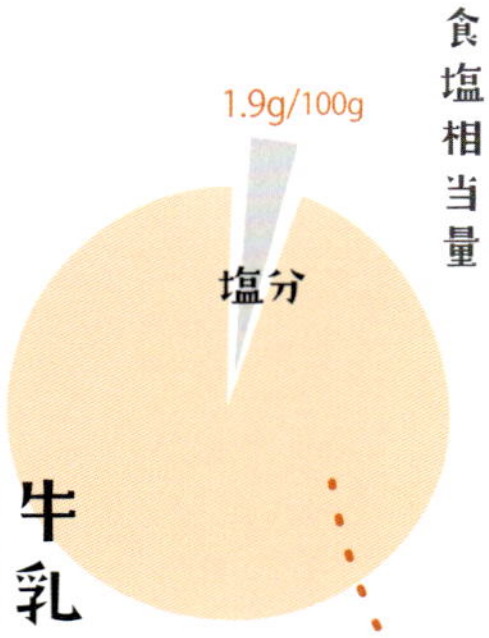

塩

牛乳

日本で一般的なのは、有塩の非発酵バター。

牛乳はかたい

牛乳の水分量は88.5%。きゅうりは97%と、牛乳は野菜よりかたいともいえる。牛乳の水分以外の成分はたんぱく質、糖質、ビタミンなど。

原点は牛乳

乳製品とは動物の乳、とくに牛乳を加工して作られる製品の総称です。牛乳は名前のとおり、牛の乳汁のことで、脂肪、たんぱく質、カルシウム、ビタミンが豊富に含まれ、栄養価が高いことで知られています。

主な乳製品として牛乳を保存がきくように加工した脱脂乳、練乳、発酵乳などの乳酸飲料、乳の脂肪とたんぱく質を分離加工して作るバター、チーズ、クリーム、ヨーグルト、アイスクリームなどがあります。

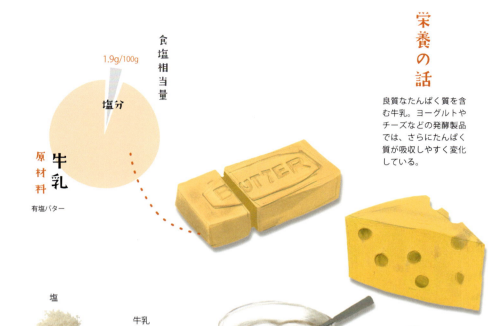

はかり売りから紙パック

〝日本酪農発祥之地〟という記念碑が千葉県南房総市にあります。その地で徳川八代将軍吉宗がインドから牛を輸入し、牛乳から作らせたのが現在のバターのもとになったといわれています。当時はまだ滋養強壮剤、解熱剤などの薬的扱いで、牛乳が一般家庭に販売されるようになったのは明治に入ってからです。

最初ははかり売りで、大きなブリキ缶からひしゃくですくって売られていました。やがて小型のブリキ缶↓いろいろな色や形のガラスびん↓給食に出される統一された牛乳びん↓三角錐型の紙パック、通称三角牛乳→そして現在、スーパーなどで主流の直方体紙パックと、容器もライフスタイルに合わせて変化してきました。

料理に大活躍の乳製品

食生活の欧米化が進むにつれ、乳製品と料理の関係は深くなりました。

牛乳は洋風料理はもちろん、ミルクがゆ、みそ汁やみそラーメン、カレー、煮物にもマッチ。クリーミーでマイルドな味になります。

チーズやヨーグルトは体にやさしい発酵食品で栄養バランスがよいのが特徴。とくにチーズは種類も多く、まぜる、はさむ、巻く、とかす、と調理法も選べて便利な食材です。

バターは一度に食べる量を考えると意外にコレステロールは高くありません。トーストやソテーだけでなく、料理の仕上げに加えればコクと風味をアップさせてくれます。

選び方・種類

近年、より種類が増えた乳製品。それぞれの特性を知って、料理によって使い分けたい。

バター

牛乳の脂肪分を固めたもの。有塩、食塩不使用、発酵、非発酵の4種がある。

オススメ料理
なんにでも

パルメザンチーズ

ハードチーズを粉状にしたもの。じつはカルシウム豊富。

オススメ料理
仕上げ
スープ

ヨーグルト

牛乳を乳酸菌で発酵させたもの。酸味がさわやかな食材。

オススメ料理
下味
スープ

クリームチーズ

生クリームと牛乳から作られる。パンに塗るほか、菓子作りに。

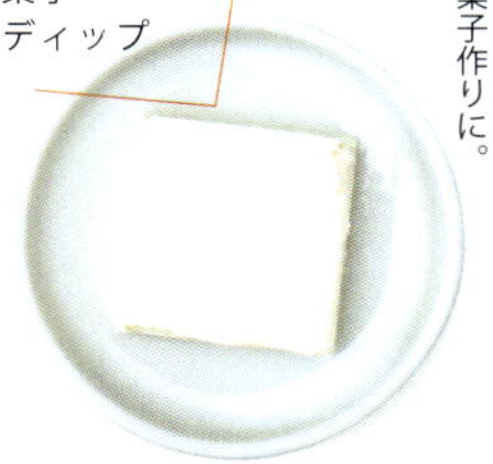

オススメ料理
菓子
ディップ

生クリーム

牛乳の脂肪分。料理にコクを与え、クリーミーに仕上げる。

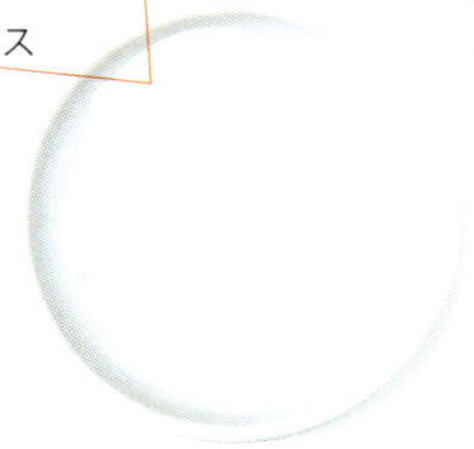

オススメ料理
菓子
ソース

ナチュラルチーズ

加熱処理されていないチーズ。ブルーチーズ、モッツアレラチーズなど個性豊かなものがある。

プロセスチーズ

加熱処理され、味が均一化したチーズ。くせがなく使いやすい。

使い方

料理にコクや風味を足す。火を止める直前に加えると風味が生きる。そのほか、くさみをとるため下味に使うことも。

調理効果

共通

- 風味をつける。ムニエルのバター焼き、バターライス、パスタに粉チーズを振りかけるなど

バター

- コクと照りを出す。ビーフシューなど。火を止めてから加えて

ヨーグルト

- くさみを消し、やわらかくする。肉の下ごしらえにも

保存方法

においがつきやすいのでしっかり密閉し、冷蔵庫へ。賞味期限が短いものも多いので、しっかり確認して購入、保存する

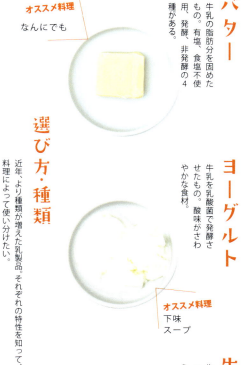

ソース

牛乳を使って おとなのカルボナーラ

配合（スパゲッティ 320g 分）

ソース

- 卵…2 個
- 卵黄…2 個分
- パルメザンチーズ …大さじ 8
- 牛乳…1/2 カップ

ベーコン…100g
オリーブ油…大さじ 4
こしょう…適量

作り方

配合のソースを、ボウルに合わせる。ベーコンは 1 ㎝幅に切り、オリーブ油でいため、ゆでたパスタを合わせる。ソースのボウルに移し、手早くあえてこしょうを振る。

シチューやグラタンに 基本のホワイトソース

配合（作りやすい分量）

バター…大さじ 2
薄力粉…大さじ 2
牛乳…2 カップ
塩…小さじ 1/3
こしょう…少々
ローリエ…1/3 枚
玉ねぎのみじん切り…少々

作り方

なべにバターをとかし、薄力粉を入れる。弱火でいため、牛乳を加えて手早くまぜる。調味料と玉ねぎ、ローリエを入れ、弱火で 10 分ほどまぜながら煮る。

memo

料理に使うとき、ローリエはとり出します。コロッケ用にはバター大さじ 3、薄力粉大さじ 5、シチュー用にはバター大さじ 3、薄力粉大さじ 4 に増やして濃度を濃くして用いましょう。

コクがあるおなじみソース クリーミーカルボナーラ

配合（スパゲッティ 320g 分）

ソース

- とき卵…4 個分
- パルメザンチーズ…25g
- 塩、あらびき黒こしょう …各少々
- 生クリーム…1 カップ弱

ベーコン…4 枚
オリーブ油…大さじ 1
こしょう…少々

作り方

配合のソースは、ボウルに合わせる。ベーコンは 1 ㎝幅に切り、オリーブ油でいため、ゆでたパスタと、パスタのゆで汁大さじ 1 弱を合わせる。ソースのボウルに移し、手早くあえてこしょうを振る。

ゆでた豆を加えて煮込んで カレークリームソース

配合（作りやすい分量）

玉ねぎのあらみじん切り …1 個分
にんにくのみじん切り…1 かけ分
バター…大さじ 2
薄力粉…大さじ 2
カレー粉…大さじ 1
牛乳…2 カップ
塩…小さじ 1/2

作り方

バターでにんにくと玉ねぎをいため、薄力粉を加えてよくいためる。カレー粉を加えてまぜ、牛乳でのばし、塩で調味する。

白身魚にしっくりくる マスタードクリームソース

配合（作りやすい分量）

ホワイトソース…1 カップ
コンソメスープ…1/3 カップ
粒マスタード…小さじ 2

作り方

ホワイトソースをなべに入れてスープを加え、火にかけてとく。火からおろし、粒マスタードを加える。

牛乳が余ったら

賞味期限内に飲みきれない牛乳が残ってしまいそうなときはホワイトソースにして冷凍してしまうのがおすすめ。マスタードやカレー粉でアレンジすれば、飽きずに食べられます。

ディップ

ハーブの香りがさわやか

ハーブバター

配合（作りやすい分量）
バター…180g
パセリのみじん切り…大さじ 1
タイムのみじん切り…大さじ 1

作り方
バターは室温でもどしてやわらかくねり、パセリ、タイムをまぜる。パンに塗るほか、魚介のソテーにも。

塩を控えると料理に使いやすい

アンチョビーバター

配合（作りやすい分量）
バター（食塩不使用）…100g
アンチョビー…30g

作り方
アンチョビーは水に 5 分ほどつけて塩抜きし、ミキサーにかける。バターは室温でもどしてやわらかくねり、アンチョビーをまぜる。ゆでたじゃがいもをあえると美味。

やめられない味。パンに塗って

ミルクバター

配合（作りやすい分量）
バター…50g
練乳…大さじ 3

作り方
バターは室温でもどしてやわらかくねり、練乳を加えてよくまぜる。

プチプチと楽しい舌ざわり

たらこヨーグルトのディップ

配合（作りやすい分量）
プレーンヨーグルト…1 カップ
たらこ（生食用）…40g
玉ねぎのみじん切り…40g
おろしにんにく…少々
こしょう…少々

作り方
ヨーグルトをペーパータオルを敷いたざるに入れてしばらくおき、水けをきる。たらこは薄皮を除いてほぐす。すべての材料をまぜ合わせる。

刻んだハーブや野菜をまぜても

プレーンヨーグルトディップ

配合（作りやすい分量）
ヨーグルト…1 カップ
オリーブ油…大さじ 1
にんにくのみじん切り…小さじ 1
酢…小さじ 1
塩…小さじ 1/2

作り方
ヨーグルトをペーパータオルを敷いたざるに入れてしばらくおき、水けをきる。すべての材料をまぜ合わせる。

甘酸っぱくてまろやか

マーマレードチーズディップ

配合（作りやすい分量）
マーマレード…35g
クリームチーズ…50g

作り方
材料をまぜ合わせる。

とうふであっさり食べやすい

とうふとブルーチーズのペースト

配合（作りやすい分量）
木綿どうふ…1/2 丁
ブルーチーズ…50g
エキストラバージン
　オリーブ油…大さじ 2
こしょう…適量

作り方
とうふは重しをして水きりする。とうふとブルーチーズを裏ごしして、オリーブ油、こしょうをまぜて味をととのえる。ブルーチーズの塩分が薄いときは塩少々（分量外）を加える。

カレー粉がアクセント

アボカドディップ

配合（作りやすい分量）
アボカド…1 個
レモン汁…小さじ 1
生クリーム…大さじ 2
塩、こしょう…各少々
カレー粉…少々

作り方
アボカドは種を除き、フォークでつぶしてレモン汁を振りかける。生クリームを加えてまぜ、塩、こしょう、カレー粉で調味する。

レモンの酸味がきいたソースで

鮭のムニエル

配合（生鮭 4 切れ分）

衣

塩、こしょう…各適宜

小麦粉…適宜

バター…大さじ 1

ソース

マヨネーズ…大さじ 1

レモン汁…大さじ 1

玉ねぎのみじん切り…大さじ 2

パセリのみじん切り…大さじ 1

memo

鮭は牛乳を全体にまぶすと、生ぐさみが抜けます。

基本のレシピ

材料（4人分）

生鮭…4 切れ

牛乳…大さじ 3

上記配合の衣

　　　　　ソース

サラダ油…大さじ 1

作り方

1 鮭に牛乳をかけて 10 分おき、汁けをふく。配合の衣の材料を振り、余分な粉は落とす。

2 フライパンにサラダ油を熱し、配合のバターをとかし、1 を皮目からこんがりと焼く。配合のソースをまぜ合わせる。

3 鮭の両面を焼いたら器に盛り、ソースをのせる。好みでフライドポテトやにんじんのグラッセを添える。

酸味のきいたソース

鮭のクリーム焼き

配合（魚 4 切れ分）

焼くソース

レモンのしぼり汁…1 個分

マヨネーズ…大さじ 4

サワークリーム…大さじ 4

白ワイン…大さじ 1

カレー粉…小さじ 2

作り方

耐熱容器に塩、こしょうした魚の切り身を並べ、まぜ合わせたソースをかけ、200℃のオーブンで 10 分ほど焼く。

バターやクリームが苦手なかたに。さわやかな味

鮭のハーブ焼き

配合（塩鮭 3 切れ分）

マリネ液

レモン（国産）の輪切り…3 ～ 4 枚

オリーブ油…大さじ 3

酒…大さじ 1.5

ハーブミックス…小さじ 1/3

塩、こしょう…各少々

作り方

合わせたマリネ液に塩鮭をつけ込み、一晩おく。フライパンで鮭をこんがり焼く。

上品なやさしいソース

蒸し鮭のレモンソース

配合（鮭 4 切れ分）

コンソメスープ…1/4 カップ

レモン汁…大さじ 2

バター…50g

作り方

小なべにコンソメスープを入れ、半量くらいまで煮詰める。レモン汁を加えてあたため、かたいバターを少しずつまぜてとかし、蒸した鮭にかける。

玉ねぎとバターでコクのあるソース

鮭フライのオニオンソース

配合（作りやすい分量）

玉ねぎのせん切り…100g

牛乳…大さじ 2 強

塩…少々

こしょう…少々

バター…20g

作り方

玉ねぎは、バターで色がつかないように弱火で 10 分ほどいためる。牛乳を加えて半量くらいまで煮詰め、塩、こしょうで調味する。

ムニエルは低温で

バターは焦げる温度がサラダ油より低いので、ムニエルは低温でじっくりと焼いて。焦げると香りが悪くなり、色も黒くなってしまいます。

おつまみにもなる パンチのある味 ナンプラー バタートースト

配合

厚切り食パン…1 枚
バター…小さじ 2
ナンプラー…適量

作り方

食パンを焼く。バターを塗り、ナンプラーをたらす。塩けが強いので少なめに。

朝ごはんにぴったり りんご バタートースト

配合

厚切り食パン…1 枚
りんご…1/8 個
とかしバター…大さじ 1/2
砂糖…小さじ 1

作り方

りんごを小さく切ってとかしバターをからめる。食パンにのせ、砂糖を振って焼く。焼きかげんはお好みで。

さわやかなレモンの風味 レモン バタートースト

配合

厚切り食パン…1 枚
とかしバター…大さじ 1/2
レモン汁…大さじ 1
グラニュー糖…大さじ 1/2

作り方

食パンを焼く。とかしバターにレモン汁をまぜてトーストに塗る。グラニュー糖をぱらぱらと振る。もう一度焦げ目がつくくらいに焼く。

こんがり香ばしく焼いて ごま バタートースト

配合

厚切り食パン…1 枚
いり白ごま…大さじ 1
とかしバター…小さじ 2

作り方

バターを食パンに塗り、ごまをたっぷり振ってトーストする。

酸味があとひく味 マスタード バタートースト

配合

厚切り食パン…1 枚
マスタード…小さじ 3
バター…小さじ 2

作り方

マスタードとバターをねり合わせ、食パンに塗り、トーストする。

しょうゆが香ばしい 磯辺 バタートースト

配合

厚切り食パン…1 枚
しょうゆ…小さじ 1
バター…適量
のり…食パンの大きさで 1 枚

作り方

食パンにしょうゆをかけて焼く。バターを塗り、のりをのせてさらに 30 秒ほどトーストする。

タンドリーチキン

スパイシーでとまらない味

配合（鶏もも骨つき肉 4 本分）

たれ

- カレー粉…大さじ 2
- プレーンヨーグルト…2 カップ
- トマトケチャップ…大さじ 4
- ウスターソース…大さじ 4
- おろしにんにく…小さじ 2
- 塩…小さじ 2
- こしょう、ナツメグ…各少々

memo

鶏肉は味がしみ込みやすいよう、フォークで穴をあけて調理し、たれをからめて。

基本のレシピ

材料（4 人分）

鶏もも骨つき肉…4 本
配合のたれ
好みで…
ライム

作り方

1. 鶏肉はフォークで穴をあけ、骨に沿って切り目を入れる。
2. たれに **1** をからめて、1 時間ほどつけ込む。
3. 230℃のオーブンで 30 ～ 40 分焼く。好みでライムを添える。

ポークピカタ

香り高い衣で焼いて

配合（豚肉 300g 分）

衣

- 卵…2 個
- 粉チーズ…大さじ 4
- パセリのみじん切り…大さじ 2
- おろしにんにく…1/2 かけ分

memo

ピカタの衣は味つけの役割もあるので、残った衣も肉にかけて焼いて。

基本のレシピ

材料（4 人分）

豚肉しょうが焼き用…300g
上記配合の衣
小麦粉、塩、こしょう…各適量
サラダ油…大さじ 4

作り方

1. 豚肉は筋切りをし、塩、こしょう、小麦粉をまぶしておく。
2. 配合の衣をまぜ合わせ、**1** をからめる。
3. フライパンにサラダ油を熱し、**2** を入れて両面を焼く。
4. 器に盛り、つけ合わせを添える。

ヨーグルトスペアリブ

肉がジューシーに仕上がる

配合（スペアリブ 8 本分）

- プレーンヨーグルト…150g
- みそ…大さじ 3
- しょうゆ…大さじ 1
- 砂糖…大さじ 1
- おろしにんにく…小さじ 1

作り方

すべての材料をまぜ合わせ、スペアリブを 2 時間以上つけ込んで 180℃のオーブンで 15 分焼く。

ヨーグルトでジューシーに

ヨーグルトにつけ込むと、肉がやわらかくなり、コクが増します。ビーフシチューを作るときも、肉をつけ込んでおくとぐんとおいしくなります。

シンプルでコクがあるなべ
塩バターなべ

配合（4人分）
バター…40g
おろしにんにく…大さじ1/2
煮汁
鶏ガラスープ…2カップ
酒…1カップ
塩、あらびき黒こしょう…各適量

作り方
土なべにバター半量をとかし、にんにくをいためて、煮汁を加える。塩、あらびき黒こしょうで調味し、好みの具材を煮る。仕上げに残りのバターを加えて完成。

定番白菜なべにチーズを合わせて
チーズなべ

配合（4人分）
煮汁
コンソメスープ…4カップ
塩…小さじ2/3
こしょう…適量
カマンベールチーズ…1個
あらびき黒こしょう…適量

作り方
白菜と豚肉をなべに重ねて入れ、煮汁を加えて火にかける。白菜がやわらかくなったら、具材を端に寄せてチーズを入れる。チーズがあたたまったらこしょうをかける。

冬に食べたい濃厚な味
チーズフォンデュ

配合（4人分）
ピザ用ミックスチーズ…400g
にんにく…1かけ
白ワイン…1カップ
こしょう…少々
ナツメグ…少々
パプリカ…少々

作り方
にんにくは二つ割りにし、切り口をなべ肌にこすりつける。白ワインを注ぎ、弱火で煮立てる。チーズを加え、まぜながらとかしてこしょう、ナツメグ、パプリカで調味する。小さく切ったバゲットや野菜をつけて食べる。

食欲がないときにおすすめ
冷たいヨーグルトスープ

配合（4人分）
プレーンヨーグルト…300g
ミネラルウォーター…150㎖
エキストラバージン
　オリーブ油…小さじ2
ディルのみじん切り…小さじ1
おろしにんにく…小さじ1
塩…小さじ1

作り方
すべての材料をまぜ合わせる。小さく角切りにしたきゅうりを加えるとおいしい。

フレッシュな酸味のスープ
オニオンヨーグルトスープ

配合（4人分）
玉ねぎのみじん切り…1/2個分
にんにくのみじん切り…1/2かけ分
コンソメスープ…2.5カップ
プレーンヨーグルト…1カップ弱
オリーブ油…少々

作り方
オリーブ油を熱し、玉ねぎとにんにくをいためる。玉ねぎがしんなりしたらコンソメスープを入れて15分ほど煮る。ヨーグルトを注ぎ、ひと煮立ちさせたら火からおろす。

いため玉ねぎの甘みとチーズのコクがベストマッチ
オニオングラタンスープ

配合（4人分）
玉ねぎの薄切り…4個分
サラダ油…大さじ6
煮汁
固形スープ…1個
水…2カップ
しょうゆ…小さじ2
塩…小さじ2/3
こしょう…少々
しょうゆ…小さじ2
粉チーズ…80g
バゲット…4切れ

作り方
フライパンにサラダ油を熱し、玉ねぎを20分ほどいためる。なべに玉ねぎを移し、煮汁を加えて煮立て、弱火にして約5分煮て耐熱容器に移す。バゲットと粉チーズをのせて、オーブントースターで7分焼く。

ヨーグルトのスープ？

ブルガリアの夏の定番スープ、タラトル。すりおろしたきゅうりを加えて作ります。さっぱり味なので、食欲のないときにもおすすめ。

チーズのソース

洋風ソースでおもちの魅力再発見

おもちのチーズソース

配合（もち2個分）

バター…大さじ1/2
クリームチーズ…40g
砂糖…大さじ1/2
牛乳…小さじ1
卵黄…小さじ1

作り方

耐熱容器に卵黄以外の材料を入れ、レンジで20～30秒加熱する。なめらかになるまでスプーンでよくねりまぜ、最後に卵黄を加える。焼いたもちをあえる。

ワインの風味豊か

卵のチーズソース

配合（オムレツ4個分）

プロセスチーズ…60g
白ワイン…大さじ4
タラゴン…適量
塩…少々
こしょう…少々

作り方

なべに白ワインをあたため、小さく切ったチーズを加える。チーズがとけたら、塩、こしょう、こまかくちぎったタラゴンを加える。オムレツにかける。

フルーツに添えて

デザートチーズクリーム

配合（作りやすい分量）

クリームチーズ…50g
砂糖…15g
ブランデー…小さじ2
生クリーム…125㎖

作り方

クリームチーズを電子レンジで少し加熱し、やわらかくする。砂糖、ブランデーを加えて泡立て器でまぜる。生クリームを少しずつ加えてはまぜ、全体をまぜ合わせる。

レモンでさっぱり

肉のチーズソース

配合（肉600g分）

ブルーチーズ…40g
レモン汁…大さじ1
こしょう…少々

作り方

チーズはくずしてなべに入れ、レモン汁、こしょうを加える。弱火にかけ、チーズを煮とかす。ラムや豚のソテーに添えて。

淡泊な魚にやさしい味

魚のチーズソース

配合（魚4切れ分）

ピザ用ミックスチーズ…2枚
かたくり粉…小さじ1/2
白ワイン…1/4カップ
牛乳…1/4カップ
こしょう…少々

作り方

ボウルにチーズとかたくり粉を入れ、白ワインを加えて電子レンジで1分ほど加熱する。牛乳、こしょうも入れ、さらに30秒ほどレンジで加熱し、ソースがかたいようなら牛乳を足してのばす。

はちみつのやさしい甘さがポイント

野菜チーズソース

配合（作りやすい分量）

はちみつ…大さじ2
白ワインビネガー…大さじ6
オリーブ油…大さじ1
塩、こしょう…各適量
粉チーズ…大さじ6

作り方

すべての材料をまぜ合わせる。蒸し野菜に添えて。

チーズソースいろいろ

肉に

くせの強いブルーチーズにこしょうをきかせたソースは、こってりした肉料理にぴったり

魚に

白ワインを加えたソースは白身の魚と好相性。電子レンジで気軽に作って

野菜に

粉チーズに酢を加えたソースはドレッシングのよう。軽いソースで野菜の味を楽しんで

卵に

いつものオムレツに添えたいソース。ごちそうに大変身します。タラゴンは卵と相性抜群のハーブです

味のもと食材

Food for Dashi

にんにく

効能がいっぱい

古代エジプトではピラミッド建造の作業員に強壮剤として支給されたといわれています。疲労回復、血行促進、消化促進、血栓防止、抗菌作用、がん予防などに効果が期待できる、刺激臭をもつスタミナ食材。

中華風のいため物、煮物にはもちろん、なんでもない料理にアクセントとして使っても。まるごと→つぶす→薄切り→みじん切り→すりおろすの順で香りは強くなっていくので、料理に合わせて切り方を工夫して。

選び方・種類

生のにんにくのほか、チューブのおろしにんにくや、パウダー状にしたものもあります。保存しやすい加工品も活用して。

チューブにんにく

すりおろしの状態で、かなり香りも強烈。少量ずつ加えて。

ガーリックパウダー

乾燥にんにくを粉末状にしたもの。バターにまぜ込んでもおいしい。

おろしたら時間を

にんにくには抗酸化作用があるアリシンという物質が含まれる。空気に触れると働きが活発になるので、おろしたら少し時間をおいてから使うようにする。

パスタに、マリネに、万能オイル
ガーリックオイル

配合（作りやすい分量）

オリーブ油…1/2 カップ
にんにく…50g

作り方

なべにオリーブ油を入れ、中火にかけて薄切りにしたにんにくを入れて、ゆっくりきつね色になるまで揚げる。冷ましてからにんにくごと保存びんなどに入れ、室温で保存。でき上がったらすぐに使える。

豊かな香りの油
にんにくごま油

配合（作りやすい分量）

にんにくのみじん切り…1/2 個分
ごま油…1/2 カップ

作り方

すべての材料を加えてよくまぜ合わせる。中華風サラダや、いため物に。

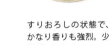

少ない材料ですぐできる

シンプルバーニャカウダ

配合（作りやすい分量）

にんにく…10 かけ
牛乳…1 カップ
塩、こしょう、オリーブ油
　…各少々

作り方

にんにくは半分に切って水からゆで、5 ～ 6 回ゆでこぼす。牛乳をひたひたになるよう加え、20 ～ 30 分ゆでたら、牛乳ごと裏ごしする。塩、こしょう、オリーブ油で味をととのえる。

シンプルでジャンルを問わない味

にんにくしょうゆ

配合（作りやすい分量）

にんにく…適量
しょうゆ…適量

作り方

にんにくは根元を切り落として皮をむく。保存びんに入れ、ひたひたにかぶる程度のしょうゆを注いで密閉する。から揚げやいため物に。

ごはんをおかわりしたくなる味

にんにくみそ床

配合（作りやすい分量）

みそ…500g
酒…1/3 カップ
にんにく…1 個

作り方

にんにくは縦半分から 1/4 に切り、芯をとる。ボウルにほかの材料とともに入れてよくまぜ合わせ、密閉容器に入れて冷蔵庫で保存を。野菜や肉をつけ込んで。

野菜が食べやすい
ちょうどよい塩味

バーニャカウダ

基本のレシピ

材料

好みの野菜
　にんじん、チコリ
　セロリ、ブロッコリーなど
左記のソース

作り方

1 ソースのにんにくを 5 かけずつラップに包み、電子レンジで 30 秒加熱し、フォークでつぶす。アンチョビーを包丁でたたく。
2 1 とオリーブ油を耐熱容器に入れ、ラップをして電子レンジで約 30 秒加熱する。
3 好みの野菜を食べやすく切り、ソースにつけて食べる。

配合（作りやすい分量）

ソース

にんにく…10 かけ
アンチョビー…10 枚
オリーブ油…100 mℓ + 大さじ 2

memo

バーニャカウダソースは、冬ならあたたかく、夏なら冷やして用意しましょう。野菜も、好みで生の物、蒸し野菜、ゆで野菜など好みに合わせて準備を。

すぐ使いたい場合は

即席にんにくみそ

配合（作りやすい分量）

にんにく…1 個
みそ…大さじ 3
砂糖…大さじ 2
しょうゆ…大さじ 1
酒…大さじ 1

作り方

にんにくは皮つきのまままるごと電子レンジで 1 分 30 秒加熱する。皮をむき、フォークであらくつぶし、残りの材料を加えてよくまぜる。いためだれに使うと香ばしく仕上がる。

しょうが

しょうがでポカポカ

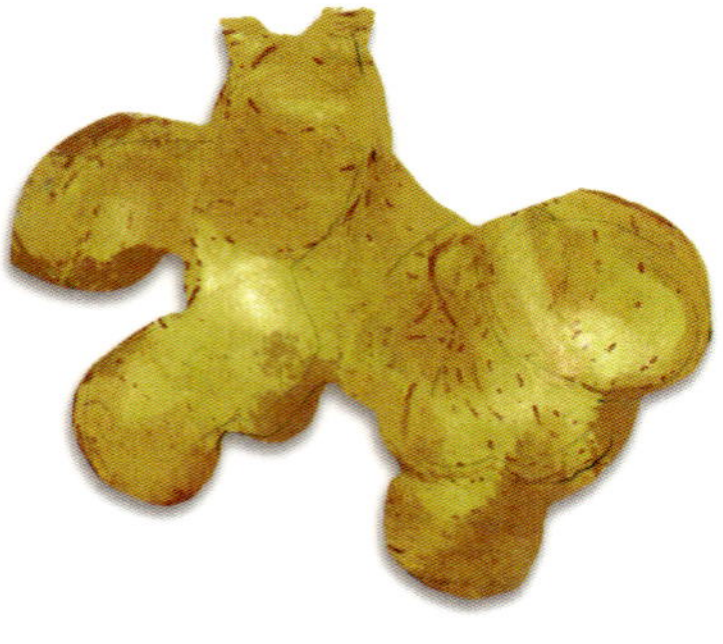

新陳代謝を活発にし、体をポカポカにしてくれる食材として人気が定着。ジンジャーティー、ジンジャークッキー、ハニージンジャーからジンジャーハイボールまで、近ごろではしょうが入りの商品がぞくぞくと発売されています。
　くせのある辛み、香りは古来より薬用、香辛料として使われており、魚の生ぐささを消す作用もあることから、和食には欠かせません。ピリッと感がおつまみにも合う味です。

選び方・種類

体をあたためるしょうがは、手軽にとり入れやすい工夫された調味料も多い。加工品も積極的に試しましょう。

チューブしょうが

すぐに使えるすりおろし状。いため物やあえ物に便利。

ジンジャーパウダー

スープや紅茶など、飲むものに振りかけるほか、天ぷらの塩にまぜてもおいしい。

ベーシックな甘酢
しょうがの甘酢漬け

配合（しょうが 2 個分）

甘酢
- 酢…1 カップ
- 砂糖…1/2 カップ弱
- 塩…小さじ 1

基本のレシピ

材料（作りやすい分量）

しょうがの薄切り…2 個分
上記配合の甘酢

作り方

1. 甘酢の材料をすべてなべに入れ、ひと煮立ちさせて火からおろし、あら熱をとる。
2. しょうがはたっぷりの湯で 1 分ほどゆで、ざるに上げて水けをきる。
3. 保存容器に 2 のしょうがを入れ、1 の甘酢を注ぐ。一晩つけ込む。

サーモンや牛肉など洋風ずしに添えて
洋風甘酢しょうが

配合（作りやすい分量）

合わせ酢
- 白ワインビネガー…大さじ 3
- はちみつ…小さじ 1
- 塩…小さじ 2/3
- こしょう…少々

はちみつ…小さじ 2

作り方

小なべに合わせ酢の材料をすべて入れて弱火にかけ、かきまぜる。はちみつを加え、煮立つ前に火からおろして冷ます。基本のレシピを参照してしょうがを仕込む。

体をあたためるシロップ
黒糖ジンジャーシロップ

配合（作りやすい分量）

しょうがの薄切り…1 パック分
水…1.5 カップ
赤とうがらし（種を出す）…1 本
黒糖…1 カップ

作り方

なべにしょうがと水、赤とうがらしを入れて火にかけ、沸騰したら弱火にして 10 分ほど煮る。黒糖を加えてよくまぜ、完全にとけるまで煮る。あら熱がとれたら保存容器に入れる。紅茶に加えるほか、料理にも活用できる。

魚のくせをしょうがが中和

魚のしょうが煮

配合（いわし８尾分）

調味料

- しょうがの細切り…２かけ分
- しょうゆ…大さじ３
- みりん…大さじ２
- 砂糖…大さじ１
- 酢…大さじ１
- 酒…1/2 カップ
- 水…1.5 カップ

memo

さんまを下ゆでするとき、湯に酢を加えると生ぐさみが消えます。

基本のレシピ

材料（４人分）

いわし…８尾

上記配合の調味料

作り方

1 いわしは頭と内臓を除いて洗い、水けをよくふきとる。

2 配合の調味料、いわしをなべに入れ、落とし蓋をして 20 分ほど煮る。

肉の下味に使って

しょうが塩

配合（作りやすい分量）

おろししょうが…大さじ１

塩…大さじ３

作り方

よくまぜ合わせる。

ピリッとしょうがの風味が食欲アップ

魚の香味ソース

配合（魚４切れ分）

しょうがのみじん切り
　…1/3 カップ

白ワイン…1/4 カップ

みりん…大さじ１

しょうゆ…大さじ１

オリーブ油…大さじ１

作り方

フライパンにオリーブ油を熱し、しょうがをいためる。香りが立ったら残りの調味料を順に加え、ひと煮立ちさせて火を止める。

さっぱり味のゆで豚

しょうがゆで豚

配合（豚肉 250g 分）

しょうゆ…1/2 カップ

酒…大さじ６

米酢…大さじ６

しょうがのみじん切り…大さじ２

にんにくのみじん切り…大さじ２

ごま油…大さじ２

こしょう…少々

作り方

なべにしょうゆと酒を入れて煮立て、火を止めて残りの材料を加える。塩をしてゆでた豚肉をつけ込む。

しょうがをきかせた定番の味

しぐれ煮

配合（牛肉 300g 分）

煮汁

- しょうがのせん切り…２かけ分
- 酒…1/4 カップ

しょうゆ…1/4 カップ

砂糖…大さじ１

みりん…大さじ１

作り方

なべに煮汁を入れて煮立たせ、牛肉を入れてさっと煮る。配合の調味料で調味し、たれをからめながら煮詰める。

しょうが効果

しょうがには、肉をやわらかくする効果、魚のくさみを抑える効果があります。煮込むときに加えたり、下ごしらえで活用しましょう。

冬に食べたい根菜の煮物

根菜のしょうが煮

配合（根菜 300g 分）

煮汁

- しょうが…100g
- 酒…１カップ
- 鶏ガラスープ
  …１カップ

塩…小さじ１

作り方

しょうがは適当な大きさにしてつぶす。なべに煮汁を入れて煮立て、具材を加えて 20 分ほど煮る。塩で調味する。

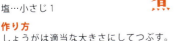

とうがらし

熱に負けない辛さ

とうがらしの辛さは加熱に強いのが特徴。油にとけ出しやすい性質なので、いため物にもぴったりの香辛料。

辛さの調節

辛みはとうがらしの内側に多く含まれる。辛みを減らしたい場合は種を除いて使う。また、こまかく刻むほど辛みは強くなる。

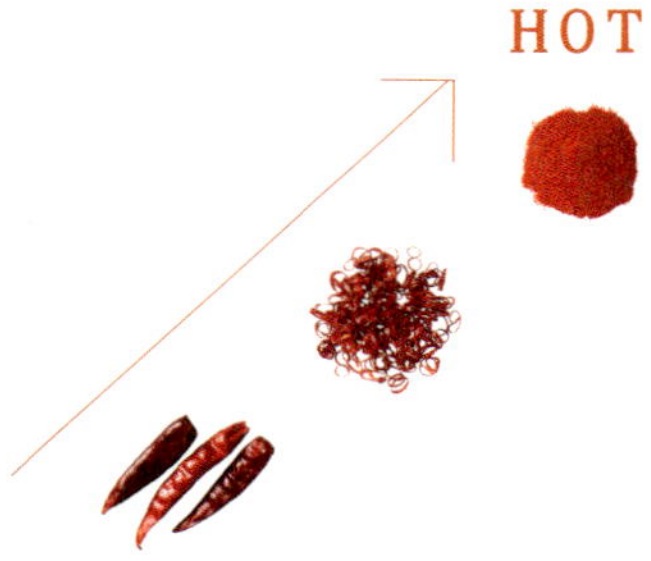

パプリカもとうがらし

香辛料として使われる赤とうがらし以外に、熟す前の実を食べる青とうがらしがある。そのほか、ピーマンやパプリカ、ししとうなど辛みのない甘み種がある。

とうがらしは熟して赤くなる。

カプサイシンパワー

世界各国でとうがらしの辛みをきかせた料理がたくさんあります。その辛さはカプサイシンという成分にあり、脳に刺激を与えて代謝を高め、脂肪燃焼、血行促進、肥満防止につながるパワーがあるとされています。

韓国の女性が大食漢のわりにスリムなのはキムチをたくさん食べているためだとか。日本でもたびたびとうがらしダイエットがマスコミにとり上げられてきましたが真偽のほどは？

量で辛さを調節

中南米の高地で、紀元前のはるか昔から栽培されていたとうがらしは15世紀後半、コロンブスがスペインに持ち帰ったことから世界中に広まったといわれています。日本には諸説ありますが、室町時代後期にもたらされたという説が有力。

日本のとうがらしは辛いのが特徴で、その辛さを生かしてジャンルを問わずさまざまな料理に活用されています。少しきかせるだけでも味のアクセントになり、思いきり使えばとびきりの辛さになります。

熱に強い特性を生かして、油でじっくりといため、辛みを油に移してから調理するのもおすすめです。

選び方・種類

切り方によって用途が変わるとうがらし。こまかいもののほうが辛みを感じやすいので、入れすぎには注意を。

鷹の爪（赤とうがらし）

オススメ料理
パスタ
煮込み

乾物のとうがらしの代表。形が似ていることから、この名前がついた。

粉とうがらし

オススメ料理
キムチ

漬け物や卓上用に。生産国によって辛さや粒の大きさが異なる。

青とうがらし

オススメ料理
いため物

未熟の実。生を野菜として売られていることが多い。

糸とうがらし

オススメ料理
仕上げ

糸状に切ったもの。華やかな見た目で、あしらいに使われる。

辛みのきいたあっさり味

エスニックドレッシング

配合（作りやすい分量）

赤とうがらしの小口切り…3本分
にんにくのみじん切り…1かけ分
ナンプラー…1/4カップ
レモン汁…1/2カップ
砂糖…1/2カップ
ごま油…大さじ1
こしょう…少々

作り方

すべての材料をよくまぜ、保存容器に移す。サラダのドレッシング以外にから揚げやビーフンにかけてもおいしい。

ピリ辛の中華風煮物

手羽元のとうがらし煮

配合（手羽元16本分）

サラダ油…大さじ2
赤とうがらし…20本
酒…1カップ
みそ…大さじ4
水…1カップ

作り方

なべにサラダ油を熱して赤とうがらしと手羽元をいためる。香りが立ったら残りの材料を加える。煮立ったら弱火にし、蓋をして30分ほど煮る。

自家製ラー油

材料（作りやすい分量）

粉とうがらし
（韓国・あらびき）…大さじ3
ごま油…大さじ9
花椒（あらくつぶしたもの）…20粒

作り方

1. フライパンにごま油を入れて150℃に熱し、花椒を加える。
2. そのままにして、花椒の香りを出す。
3. 粉とうがらしを加える。あらびきを使うのがポイント。
4. 手早く油をなじませ、すぐに火からおろす。
5. すぐに保存びんに移し、焦げを防ぐ。

レモンをライムに

レモン汁のかわりにライムを使うとより本格的な香りに。ライムはレモンよりもクエン酸を多く含んでいるので、疲労回復にも役立ちます。

ゆずこしょう

さわやかな香りと辛み

とうがらしとゆずの果皮に塩を加えてまぜ合わせたもの。緑のゆず×青とうがらしの緑色タイプと、黄色いゆず×赤とうがらしのオレンジ色タイプがあります。こしょうと名がついていますが、こしょうは入っていません。

九州地方の特産物でしたが、薬味や隠し味としていまや全国区。びん入りや、便利なチューブ入りで市販され、手に入りやすくなりました。

なべ物、漬け物、パスタやサラダなどいろいろな料理に使ってみて。

食塩相当量

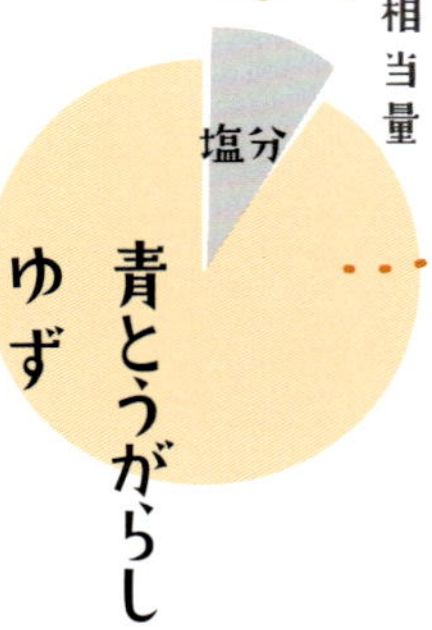

原材料

香りと辛みがごちそう

ゆずこしょう 焼き

配合（肉 600g 分）

つけ込み液

- しょうゆ…大さじ 4
- 酒…大さじ 4
- こしょう…少々

ゆずこしょう…大さじ 2 〜 3

作り方

肉をつけ込み液につけ込み、片面にゆずこしょうを塗る。あたためたグリルで両面を焼く。肉はラムチョップがおすすめ。

香りよく、体の芯からポカポカするなべ

ゆずこしょう なべ

配合（4 人分）

煮汁

- 昆布だし…1.8 ℓ
- 酒…1/2 カップ

調味料

- ゆずこしょう…大さじ 2
- しょうゆ…大さじ 1
- 砂糖…ひとつまみ
- 塩…少々

作り方

煮汁を合わせ、煮えにくい具材を入れて火にかけ、やわらかくなるまで煮る。調味料を加え、すぐ煮える具材を加えて煮る。

七味とうがらし

和風ミックススパイス

江戸時代初期、医者や薬問屋が集まっていた現在の東京・両国橋付近で漢方薬からヒントを得て作られたようです。そばの流行で薬味として全国的に広まりました。

地方によって違いますが、代表的な素材は赤とうがらし、けしの実、みかんの皮、ごま、さんしょう、麻の実、青のり、しょうが、菜種など、体によさそうなものばかり。

酸味をやわらげる、味に深みが出る、おとなの味になる！のが利点。

食塩相当量

原材料

ごま油でコクを出して

七味 たらこ

配合（作りやすい分量）

たらこ…50g
ごま油…小さじ 1
七味とうがらし…大さじ 1/4

作り方

たらこは中身をとり出してほぐし、残りの材料をまぜる。焼いた厚揚げにのせたり、おにぎりの具におすすめ。

しっとり仕上がるので からみやすい

七色 ゆずこしょう

配合（作りやすい分量）

ゆずの皮のすりおろし…大さじ 1
七味とうがらし…大さじ 1
塩…小さじ 1

作り方

すべての材料をすり鉢でよくすりまぜる。焼き鳥に添えたり、うどんに加えても美味。

タバスコ

刺激的な辛みと酸味

ピザやパスタにかけることでなじみの深いタバスコですが、イタリアンではなく、アメリカン。日本に入ってきたのは昭和20年代なので歴史的には浅い洋風辛み調味料です。

完熟した赤とうがらしをすりつぶし、塩や酢につけ込んで樽で発酵させ、3年間熟成させて作られます。

辛みと酸味があるので油っぽさを抑えたり、味を引き締めたり、奥深い味わいにかえたりと、隠し味として活躍。辛さの種類は多種あります。

夏においしいピリ辛ピラフ

ジャンバラヤ

配合（ごはん茶わん 4 杯分）

トマトケチャップ…大さじ 4
カレー粉…小さじ 2
タバスコ…小さじ 2
塩、こしょう…各少々

作り方

ごはんは玉ねぎやトマトなど好みの具材といため、配合のたれで調味する。目玉焼きを添えて。

果物の甘みでやさしい味

スイートサルサ

材料（4人分）

タバスコ…大さじ 1
パイナップル…100g
レモン汁…大さじ 2
しょうがのみじん切り…小さじ 2
ミントのざく切り…適量
玉ねぎのみじん切り…1/4 個分
はちみつ…小さじ 1
塩…少々

作り方

すべての材料をまぜ合わせる。

サルサソース

材料（4人分）

トマトの角切り…2 個分
玉ねぎのみじん切り…1/2 個分
オリーブ油…大さじ 2
レモン汁…大さじ 1
タバスコ…小さじ 2
塩、こしょう…各少々
パセリのみじん切り…少々

作り方

すべての材料をまぜ合わせる。

ジャンバラヤとは

スペインのパエリアに似たピリ辛洋風炊き込みごはん。アメリカのケイジャン料理です。炊き込んで作るのが本来のレシピですが、いためごはんにしてもおいしく作れます。

乾物

うまみの話

食べ物は甘み、酸味、塩味、苦み、うまみの5つの味から構成される。「うまみ」は日本料理の味から発見されたため、「umami」として世界共通語となっている。

するめ

干し貝柱

中華料理では干し貝柱やするめもだしにされる。

うまみ調味料

「うまみ調味料」はさとうきびやとうもろこしを原料に合成したもの。それに、かつお節や昆布などの粉末やエキスを加えたのが「風味調味料」と呼ばれる。

すぐれた保存法

旬の時季に食べる魚介、野菜、果物の味は格別です。昔の人が、おいしい旬の食材を長期保存する方法はないかと知恵をしぼって考えたのが乾物。水分を抜いて乾燥させるという単純な保存法にはメリットがたくさんありました。

　干せばよいだけという手間いらずなこと、もとの重量より軽くなり、かさが減ること、うまみや香り、栄養が増すこと、室温保存が可能なこと、などです。これだけすぐれた付加価値があるのですから、世界中に乾物があるのもうなずけます。

うまみと栄養がギュッ！

乾物の中でも昆布、かつお節、煮干しは日本料理に欠かせない〝だし〟の素材。だしのうまみが料理の味の決め手となります。手間をかけてきちんととっただしの味を知ったうえで便利なだしのもとなどを上手に使い分けましょう。

　干ししいたけは独特の香りとうまみがあり、加えて食物繊維や、カルシウムの吸収を助けるビタミンDが多く含まれます。調理するときには、もどし汁もぜひ活用してください。

　煮干しは鉄分とカルシウムが生のときよりも格段にアップします。生活習慣病予防をはじめ、体のためにも積極的にとり入れたいものです。
そのほかの乾物もふだんのおかずに大活躍。頼れる助っ人食材です。

選び方・種類

基本のかつお節と昆布以外の乾物にも、うまみが満載。料理に合わせて使いこなすと、味の幅が広がります。

昆布

水に浸すだけでだしがとれる。かつお節との組み合わせでうまみアップ。

オススメ料理
煮魚

削り節

和食の基本となるだしの材料。熱湯に加えてだしをとる。

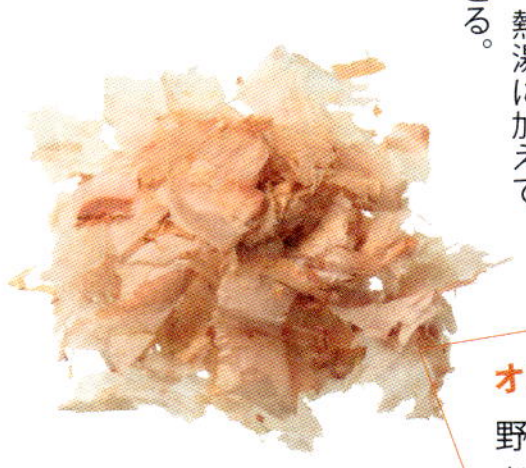

オススメ料理
野菜や肉の煮物

干し大根

水でもどして食材として使うほか、もどし汁が甘みのあるだしとして利用できる。

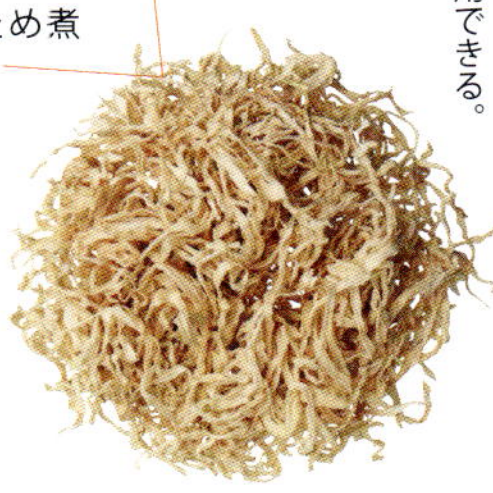

オススメ料理
いため煮

干ししいたけ

精進料理のだしに欠かせない食材。中華料理にも大活躍。

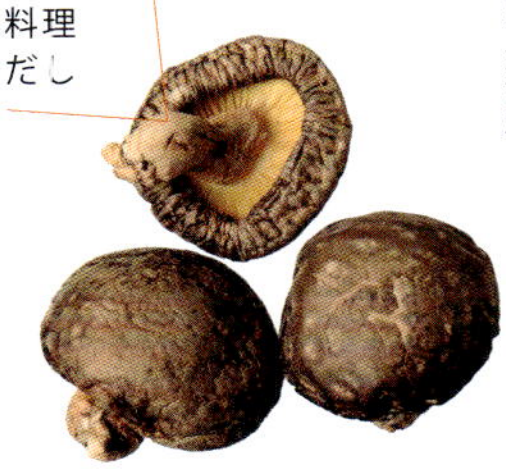

オススメ料理
中華料理
精進だし

煮干し

独特の強い香りとうまみのあるだしがとれる。みそ汁にぴったり。

オススメ料理
みそ汁

使い方

だしをとり、煮物や汁物に使うほか、もどして刻んだものをいため物に加えるとうまみが出る。かつお節なら、仕上げに振りかけるだけでOK。

保存方法

高温多湿を避け、密閉容器に入れて保存する。だしをとり、液体を冷凍しておくと便利。製氷機に流してキューブ状にすると使いやすい。

調理効果

食材同士の相乗効果でうまみアップ。うまみがアップするのは、下の表の左側の食材と右側の食材を組み合わせたとき。

かつお節系のうまみ成分食材（イノシン酸）	昆布系のうまみ成分食材（グルタミン酸）
かつお節	昆布
煮干し	しいたけ
干ししいたけ	貝類
するめ	いか
ひらめ	トマト
たい	じゃがいも
さば	白菜
豚肉	生ハム
鶏肉	鶏ガラ

両方のうまみ成分を豊富に含む食材　いわし、えび、牛肉

乾物は貴重品だった

日本では鎖国が行われていた江戸時代に、長崎から多くの乾物を輸出していたとされます。中でも干しあわび、乾燥なまこ、ふかひれの3つは〝俵物三品〟と呼ばれ、中国との重要な交易品となっていました。現在では日本より中国において中華料理の高級食材として多用されています。ちなみに俵物とは乾物のことで、当時、俵に詰めて輸出されていたことによる呼称です。

冷蔵、冷凍の技術もなかった時代、乾物はいまよりもずっと貴重な食材として扱われていたのでしょう。

基本のだし

和食の基本の〝き〟

一番だし

配合（作りやすい分量）
水…2カップ
だし昆布…3g
削り節…6g

作り方
昆布と水をなべに入れて弱火にかける。気泡が出てきたら昆布をとり出し、削り節を一度に入れる。なべが沸騰し始めたら、火を止め1〜2分おいてこす。

みそ汁や煮物に

二番だし

配合（作りやすい分量）
一番だしの昆布と削り節のだしがら
水…1カップ

作り方
すべての材料をなべに入れて火にかけ、弱火で3〜4分煮出してこす。

みそとだし

みそのうまみと、かつお節や煮干しのうまみは、相乗効果となる組み合わせ。化学が未発達の時代から、飲まれてきているみそ汁は、理にかなったレシピだったのです。

湯どうふや精進料理に

昆布だし

配合（作りやすい分量）
水…2カップ
だし昆布…6g

作り方
昆布と水をなべに入れて半日以上おく。弱火にかけ、気泡が出て沸騰したらこす。

うどんつゆやみそ汁に

煮干しのだし

配合（作りやすい分量）
水…2カップ
煮干し…頭とわたを除いて6〜8g

作り方
煮干しを5分以上水につける。弱めの中火にかけ、沸騰したら火を弱め、浮いてくるアクをすくいながら2〜3分煮出してこす。

野菜の煮物やお吸い物に

精進だし

配合（作りやすい分量）
切り干し大根…40g
干ししいたけ…4個
昆布…5〜25g
水…1.5〜2カップ

作り方
すべての材料を水に1日つけたのち、火にかける。中火で1カップまで煮詰める。

手作りだしの塩分

手作りだしのほうが、塩分を控えられる傾向にあります。

一番だし…0.09%
二番だし…0.02%
昆布…0.15%
煮干し…0.19%
インスタントのだし…約0.2%

煮汁

しみじみおいしいだし卵

茶わん蒸し

配合（4 人分）

とき卵…大 2 個分
塩…小さじ 1/3 強
しょうゆ…小さじ 1/3 強
一番だし…2 カップ

作り方

すべての材料をまぜ合わせてこす。好みの具材を入れた器に注ぎ、蒸し器で 10 分ほど蒸す。

あっさりすまし仕立て

関東風ぞう煮

配合（4 人分）

一番だし…5 カップ
薄口しょうゆ…少々
塩…少々

作り方

一番だしをあたため、好みの具材を加える。薄口しょうゆ、塩を加えて味をととのえる。

あっさり煮上げる関西風

関西風おでん

配合（作りやすい分量）

昆布だし…8 カップ
酒…大さじ 4
薄口しょうゆ…大さじ 4
塩…小さじ 1
みりん…大さじ 4

作り方

すべての材料をまぜ合わせる。
煮えにくい具材から順に煮る。

しっかりした味は煮物にも合う

関東風おでん

配合（作りやすい分量）

二番だしなど…8 カップ
酒…大さじ 3
砂糖…大さじ 2
みりん…大さじ 2
しょうゆ…大さじ 6

作り方

すべての材料をまぜ合わせる。煮えにくい具材から順に煮る。

京風のみそ仕立て

関西風ぞう煮

配合（4 人分）

一番だし…3 カップ
白みそ（甘口）…120g

作り方

だしで里いもやにんじんなど好みの具材を煮る。やわらかくなったらみそをとき入れる。もち、三つ葉、ときがらしを加える。

おでんの由来

おでんの原型は、江戸末期に生まれたとされています。おでんとは「田楽」をさす御所言葉。こんにゃくの田楽を煮て作るようになったのが、おでんのもとになりました。

梅干し

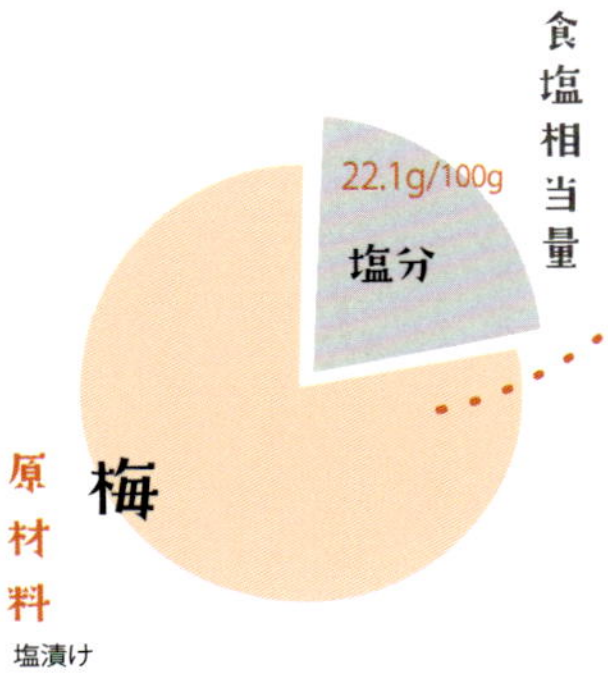

梅干しで医者いらず

思い浮かべるだけで口をすぼめたくなる梅干しは、病気の予防や健康増進にもきく食材。疲労回復、便秘改善、貧血改善などいいことずくめ。塩分は高めなので毎日1個を目安に。

調味料としてうまく料理に使うのもおすすめです。どんな料理も加えるだけで和風の味わいに。さわやかな酸味がさっぱり感を与えてくれて食欲のないとき、おなかの調子が悪いときにも。梅肉をペースト状にした便利なねり梅も活用しましょう。

歴史ある調味料

梅干し作りの工程でできる梅酢は、しょうゆが製造される以前の時代では重要な調味料だった。酸味と塩け、香りをあわせもち、ドレッシングにぴったり。

煮魚に梅干し

煮魚に梅干しを入れると、塩味、酸味を加えるとともに、くさみを消す効果、骨をやわらかくする効果がある。保存性も高まるので、夏におすすめ。

梅いり酒

酢の物や、白身魚の刺し身じょうゆに使って

材料（4人分）

梅干し…種を入れて100g
酒…1/2カップ
みりん…1/2カップ

作り方

1 なべに梅干し、酒、みりんを入れ、弱火で約30分、1/2量くらいになるまで煮詰める。
2 梅をとり出し、いり酒は清潔な保存びんに移して冷蔵保存する。梅も冷蔵保存。

梅びしお

焼いた魚のソースや酢めしに加えて

材料（作りやすい分量）

梅干し…20個
砂糖…大さじ3～4
みりん…大さじ2

作り方

1 梅干しは4～5時間水に浸して塩抜きする。
2 **1**の水けをよくきり、種を除きながら裏ごしする。
3 ホウロウの小なべに**2**を入れ、砂糖、みりんを加えてまぜ、弱火で焦がさないように木べらでねる。みそくらいのかたさになったら火からおろす。

梅びしおの活用法 焼いた魚のソース

配合（魚4切れ分）

梅びしお…小さじ2
だし…大さじ3強
バター…大さじ1

作り方

耐熱容器に梅びしおを入れ、だしを少しずつ加える。バターを加えて電子レンジに約30秒間かけ、バターをとかす。

青魚のくせをやわらげる
魚の梅煮

配合（いわし 6 尾分）

調味料

- 梅干し…4 個
- しょうがのせん切り…30g
- しょうゆ…大さじ 5
- 砂糖…大さじ 2
- みりん…大さじ 2
- 酒…大さじ 2

せん茶

memo

せん茶で煮ることで、さらに青魚のくせをやわらげます。仕上げに青じそをのせて、よりさっぱりと。

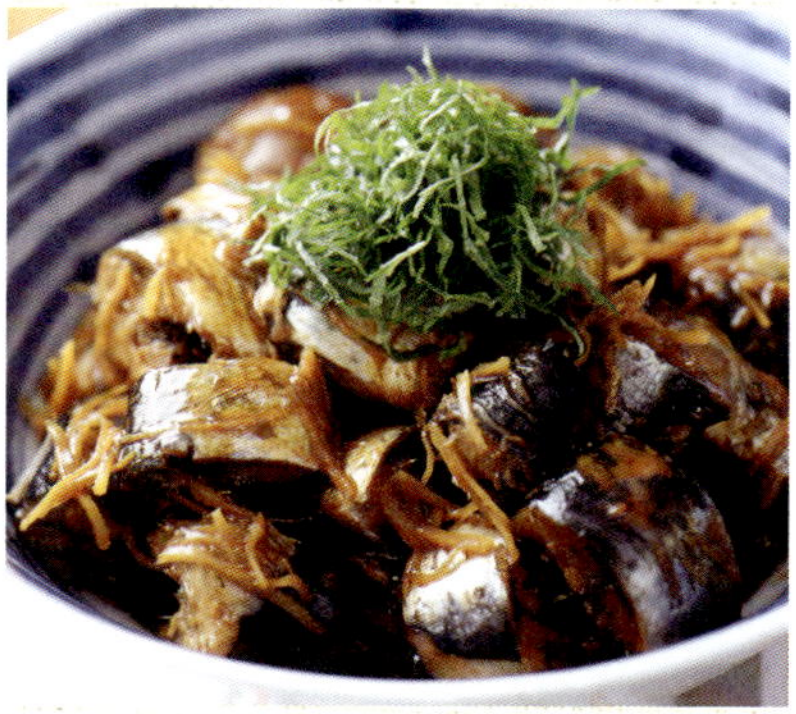

基本のレシピ

材料（4 人分）

いわし…6 尾
上記配合の調味料
青じそのせん切り…5 枚分

作り方

1 いわしは頭と内臓を除いて筒切りにする。
2 なべに調味料を入れてまぜ合わせ、1 を並べてせん茶をひたひたになるくらい注ぎ入れる。中火にかけて煮立ったらごく弱火で 10 分ほど煮る。
3 少し火を強めてさらに 10 分くらい煮る。器に盛り、青じそをのせる。

鶏肉におすすめの洋風煮物
イタリアン梅煮

配合（鶏肉 600g 分）

煮汁

- 梅干し…4 個
- 白ワイン…1/2 カップ
- コンソメスープ…1/2 カップ
- 酢…1/3 カップ

レモン汁…小さじ 2
オリーブ油…大さじ 1

作り方

鶏肉はぶつ切りにしてオリーブ油でソテーする。煮汁を加え、蓋をしないで 15 ～ 20 分中火で煮る。煮汁の量が少なくなり、澄んできたらレモン汁をまわしかける。

肉でちょっとした副菜が作れます
豚肉の梅肉あえ

配合（豚肉 300g 分）

梅肉…2 個分
しょうゆ…大さじ 2
酒…大さじ 1
ごま油…大さじ 1

作り方

梅肉以外の調味料を煮立て、梅肉とまぜる。ゆでた豚肉や、香味野菜とあえて。

暑い夏には抜群のおいしさ
梅ドレッシング

配合（作りやすい分量）

梅肉…小さじ 1
塩…小さじ 2
こしょう…少々
砂糖…小さじ 1
酢…大さじ 5
サラダ油…1/2 カップ

作り方

すべての材料を保存びんに入れ、蓋をきっちりしめて上下に振りまぜる。分離するので、使うたびによく振る。

野菜はもちろん、蒸し鶏にかけても
中華風梅ドレ

配合（作りやすい分量）

梅肉…大さじ 1
しょうがのみじん切り…10g
にんにくのみじん切り…10g
赤とうがらしのみじん切り…1 本分
しょうゆ…1/2 カップ
ごま油…大さじ 1

作り方

すべての材料を保存びんに入れ、蓋をきっちりしめて上下に振りまぜる。分離するので、使うたびによく振る。

漬け物

保存食特有の深い味わい

　古代の日本では、野菜を海水に漬けて干すことを繰り返し、食塩の濃度を高める塩漬けという保存方法がありました。現在では野菜のほか、山菜、果物など漬ける食材や、しょうゆ漬け、みそ漬け、粕漬け、ぬか漬けなど、漬け液や漬け床の種類も増えていきます。

　近年は健康志向のおり、浅漬けや低塩の漬け物が人気。それぞれの味を料理にうまくとり入れて、いつもと違う味を作り出しましょう。

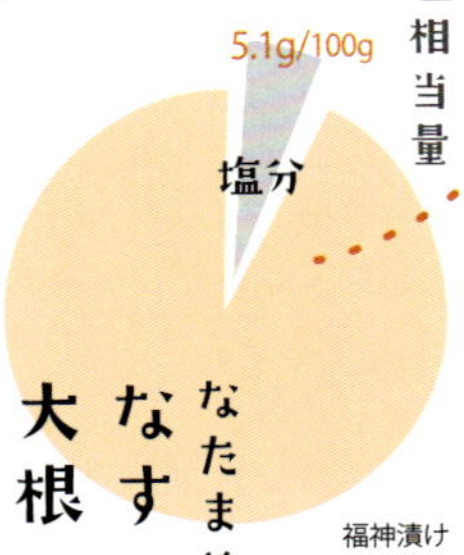

原材料
大根
なす
なたまめ

七福神が由来

元祖福神漬けは、大根、なたまめ、なす、しいたけ、かぶ、うど、しその7種類の材料をしょうゆとみりんで漬け込んだ物。このことから七福神に見立てられ、名前がつけられた。

ザーサイから味と香りがしみ出す ザーサイのスープ

基本のレシピ

材料（4人分）

とうふ…1/2丁
ゆでたけのこ…1個
ねぎ…1本
右記配合のスープと材料

作り方

1 配合のザーサイを刻んでスープに入れて火にかける。
2 具材はすべてせん切りにする。
3 1が煮立ったら2を入れ、調味料を加えてひと煮する。

配合（4人分）

ザーサイ（味つき）…80g
鶏ガラスープ…4カップ

調味料

塩…小さじ1/3
しょうゆ…小さじ1
酒…大さじ1

さっとあえるだけで味が決まる 野菜の福神漬けあえ

配合（きゅうり3本分）

福神漬け（市販）…30g
しょうゆ…少々
ごま油…大さじ1

作り方

福神漬けを刻んでしょうゆ、ごま油で香りをつける。たたいたきゅうりや大根などの野菜をあえる。

キムチ

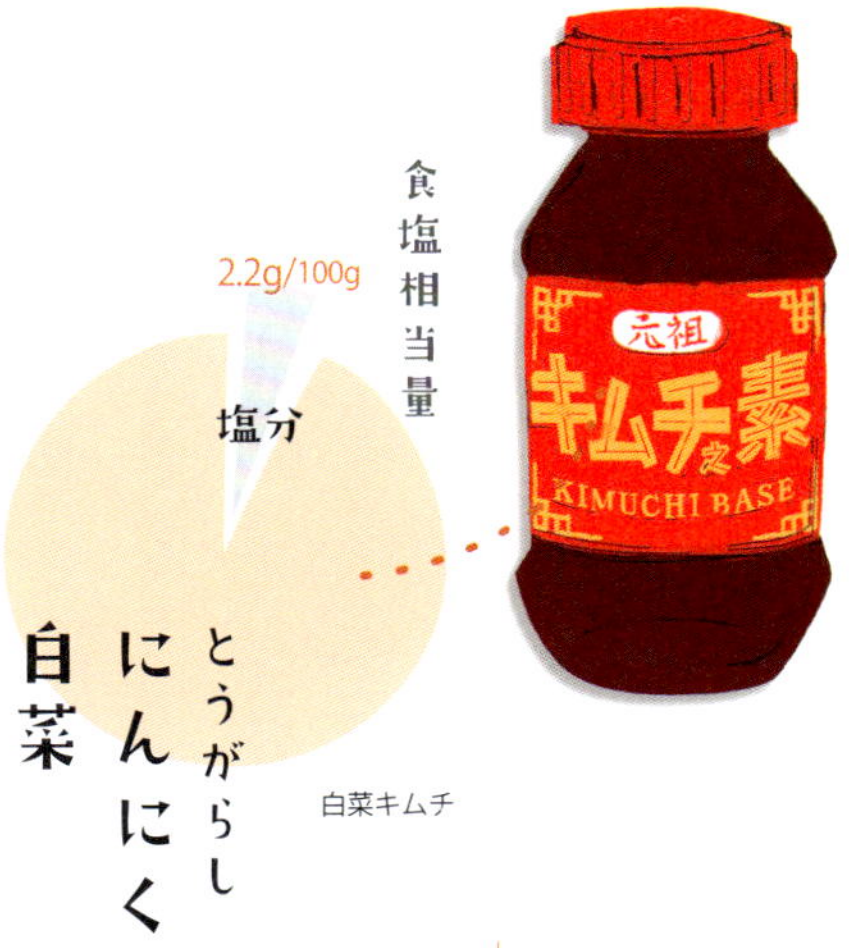

くせになるキムチ風味

日本でキムチというと白菜キムチを指すことが多いですが、本来のキムチは朝鮮半島の漬け物の総称で100種類以上もあるそうです。

韓流ブームの影響で韓国料理店も増え、キムチ味は日本人にもなじみ深いものになりました。各メーカーから日本人向けのキムチ風調味料が販売されています。漬け物はもちろん、なべ物、いため物、煮物、チャーハンなどに利用して手軽に本場の味を楽しみましょう。

あっさりキムチのもと

ほどよい辛さとすっきりした甘み

配合（作りやすい分量）

おろしにんにく…小さじ 2
おろししょうが…小さじ 2
粉とうがらし…大さじ 3 ～ 4
コチュジャン…大さじ 2
塩…小さじ 1
はちみつ…大さじ 2 ～ 3
すり白ごま…大さじ 2

作り方

すべての材料をまぜ合わせる。

本格キムチのもと

甘みとうまみが凝縮したたれ

配合（作りやすい分量）

万能ねぎ…2 ～ 3 本
にんにく…1/2 かけ
しょうが…1/2 かけ
りんご…1/4 個
しらす干し…20g
粉とうがらし…大さじ 2
昆布茶…大さじ 1/2
湯…大さじ 1.5
砂糖…大さじ 1
ナムプラー…大さじ 1/2
塩…小さじ 1/2

作り方

ねぎは小口切り、にんにく、しょうが、りんごはすりおろす。粉とうがらしと昆布茶に湯を加えてねり、砂糖、ナムプラー、塩をまぜる。最後にしらす干しを加えて全体をあえる。

キムチのもとで塩漬けした野菜を漬けて…即席キムチ
刻んだ野菜で…韓国風あえ物
豚肉をいためて…豚キムチ
なべだれに使って…チゲ鍋

ヤンニョム

本場のキムチ漬けに使う合わせ調味料は、ヤンニョムと呼ばれる。塩辛やカキなどの海鮮類、梨などの果物を組み合わせて、乳酸発酵させることで、キムチのうまみが増していく。

キムチチーズ焼きのレシピ

材料

白身魚…4 切れ
トマト…2 個
なす…2 個
キムチのもと
（市販、右記レシピどちらでも）
…大さじ 4
ピザ用チーズ…100g
サラダ油…大さじ 2.5
塩、こしょう…各少々

作り方

1 魚は一口大に切り、塩、こしょうする。
2 トマトとなすは 1 ㎝厚さに切り、塩、こしょうする。
3 サラダ油大さじ 2 でなすをいためてとり出す。サラダ油大さじ 1/2 を足して **1** をいためる。
4 グラタン皿にすべての具材を入れ、キムチのもとをかけ、チーズをのせてオーブントースターで 7 ～ 8 分焼く。

加工肉

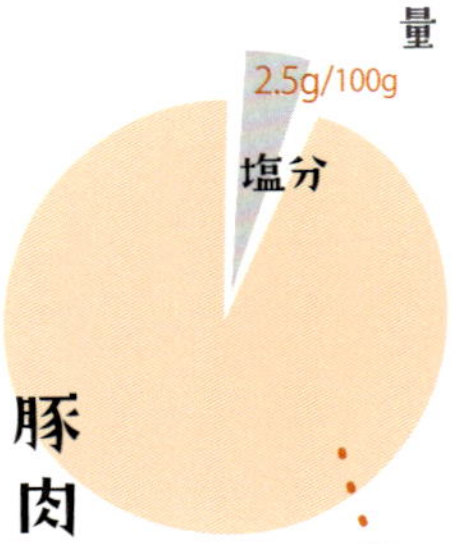

食塩相当量

原材料 **豚肉**

ロースハム

その他の加工肉の塩分

ウインナソーセージ	1.5%
ベーコン	2.0%
生ハム	5.6%

塩の話

ソーセージの語源はラテン語の塩、サルサといわれている。ソーセージもハムも塩分が高めの食材なので、調味の塩は控えめに。

保存方法

しっかり密封して冷蔵庫で保存。ベーコンやハム、生ハムは冷凍可能。ただし、ソーセージは味が落ちるので冷凍は避ける。

使い勝手のよい食材

日本で食肉加工が本格的となったのは明治時代。ハム、ベーコンなど主に豚肉を原料にしたものが多いのですが、ローストビーフやコンビーフ、酒のつまみに人気のビーフジャーキーなどは牛肉で、スモークチキン、みそ漬けなどは鶏肉の加工食品となります。

いずれにせよ、肉の保存方法として開発されたもので、そのまま食すこともでき、調理をするうえでも簡単なものが多いので便利な食材です。

特性を生かして調理を

薄くスライスしたハムはサンドイッチやサラダに、厚く切ったものはハムステーキに向いています。入手しやすくなった生ハムは塩漬けにして何年もかけて乾燥、熟成させたもの。しっとりとして風味がよく、オードブルなどに大活躍します。

ベーコンは香味がよく、脂肪分も多いので料理の風味づけにも、また保存性も高いので買っておくといざというときに重宝します。

ソーセージはゆでたり、いためたり、煮込んだりとオールマイティー。

豚肉のビタミン類も多く含んでいるので、疲労回復、健康維持に◎！

ベーコンの風味をじゃがいもに移して

ジャーマンポテト

配合（じゃがいも 4 個分）

ベーコン…8 枚

調味料

　塩、こしょう…各少々
　粒マスタード…小さじ 4
　レモン汁…小さじ 4

作り方

基本のレシピ参照。

ジャーマンポテトのレシピ

材料（4 人分）

じゃがいも…4 個
上記配合の調味料
オリーブ油…大さじ 2
玉ねぎのせん切り…1/2 個分
パセリのみじん切り…大さじ 1

作り方

1 ベーコンは 3 ～ 4 cm幅に切る。じゃがいもを電子レンジで 6 分加熱し、乱切りにする。
2 フライパンにオリーブ油を熱し、1 のベーコンを入れていため、じゃがいもと玉ねぎを加えて油がまわるまでいため合わせる。
3 調味料を加えてまぜ、器に盛る。好みでパセリを振る。

ベーコンがだしがわり

ベーコンスープ

配合（作りやすい分量）

ベーコン…50g
にんにくのみじん切り
　…1 かけ分
玉ねぎの薄切り…1/2 個分
白ワイン…1/2 カップ
湯…2 カップ
オリーブ油…適量

作り方

ベーコンは 1 cm幅に切る。なべにオリーブ油を熱し、にんにくと玉ねぎ、ベーコンを順にいためる。白ワインを注ぎ、強火にしてアルコール分をとばす。湯と好みの具材を加えて煮込む。

白菜などあっさり野菜をあえて

すっぱいベーコンあえ

配合（白菜 1 枚分）

ベーコン…2 枚
ごま油…小さじ 1

調味料

　すし酢…小さじ 2
　塩、あらびき黒こしょう…各少々

作り方

ベーコンは細切りにして、ごま油でカリカリにいためる。熱いうちにせん切りにした野菜を入れたボウルに移し、調味料を加えてあえる。

スパムの脂でゴーヤーをおいしく

スパムとゴーヤーのチャンプルー

配合（4 人分）

スパム缶…1/2 缶
ゴーヤー…1 本
削り節…小 1 袋
塩…適量
こしょう…少々
しょうゆ…小さじ 1
サラダ油…少々

作り方

スパムは 5 mm厚さの短冊切りにし、油でいためる。ゴーヤーやとうふ、卵などの具材を加えて塩、こしょうしていため、仕上げにしょうゆと削り節を加える。

ソーセージをいためて風味をきかせて

ポトフ

配合（4 人分）

ソーセージ…8 本

煮汁

　ローリエ…1 枚
　白ワイン…1/2 カップ
　水…4 カップ

塩…大さじ 1/2
オリーブ油…大さじ 1
マスタード…適量

作り方

ソーセージをオリーブ油でいため、キャベツなど好みの具材を加えてさっとまぜて煮汁を注ぎ、じっくり煮る。塩で調味して器に盛り、マスタードを添える。

ポトフはフランスのおでん

ポトフはフランス語で「火にかかったなべ」という意味で、煮込み料理全般をさす言葉です。日本のおでんのように好みの具材を煮込みましょう。

ハーブ、スパイス

新しい香味食材

以前はハーブといわれてもピンとこないくらい、なじみの薄いものでした。実際、日本で一般的に使われ始めたのは昭和30年代後半です。スパイスということばは少なくともハーブより古いと思われます。

両者はどちらも香味料ですが、ハーブは味が比較的マイルドなのに対し、スパイスは香りや辛みなど刺激性が強いものが多いようです。

香りでグレードアップ

香味料というくらいですから、食材そのものが主役になるわけではありません。肉、魚、野菜の料理に使って、香り、食欲、素材の持ち味を生かしてくれる名脇役として、上手に使いこなしましょう。

日本で同様の使い方をする食材としてしょうが、わさび、しそ、三つ葉、ゆず、せりなどがあります。和のハーブといったところでしょうか。

スーパーでは生のハーブも手に入れられますし、コーナーも充実してドライやパウダー状にしたものなど種類も豊富です。それぞれ、健康によいとされる成分が含まれていることが多いので効能や特性を知っておくのもいいでしょう。

調理効果

- 肉や魚の下味に加えて風味づけする、くさみを消す
- 中華、洋風のスープをとるときに加えて風味をよくする
- 調理のときに加えて辛みをつける
- カレーやパエリアなど、料理に独特の色をつける
- 薬味として添え、味を引き締める

保存方法

生のハーブはしめらせた紙で包み、冷蔵庫へ。オリーブ油につけ込み、フレーバーオイルにしても。乾燥品は高温多湿を避けて保存する。

オレガノ

ほろ苦く、さっぱりしたあと口。くさみ消しの効果があるので肉の下味に加えても。

オススメ料理
トマトソース

カレー粉

カレー粉はターメリック、カルダモン、クミンなど複数のスパイスのミックス。40種以上を組み合わせたものもある。

オススメ料理
カレー
いため物

キャラウェイ

さわやかな甘さと苦みがある香辛料。食後に食べると口の中のにおいを消してくれるので、デザートに使っては？

オススメ料理
パン作り

クミン

カレー粉の香りのもと。刺激的で、ほのかに辛みと苦みがある。野菜いために加えてもおいしい。

オススメ料理
煮込み料理
いため物

クローブ

バニラのような香り。肉料理のくさみ消しに利用されるほか、ウスターソースの原料にも使われている。

オススメ料理
デザート

五《ご》香《こう》粉《ふん》

シナモン、チンピ、クローブなどのミックススパイス。煮込み料理や揚げ物の下味に使うと、本格中華の香り。

オススメ料理
中華料理

こしょう(黒)

最も身近なスパイス。まだ熟していない緑の種子を収穫し、丸のまま乾燥させたもの。刺激的な香りと辛み。

オススメ料理
肉料理

こしょう(白)

完熟した種子を収穫し、外皮をとり除いて乾燥させたもの。黒こしょうよりおだやかな辛みと香り。

オススメ料理
野菜料理

コリアンダー

別名パクチー、香菜。葉や茎はエスニック料理に欠かせないハーブとして使われる。種子はソースやカレー粉にされる。

オススメ料理
アジア料理

サンショウ

日本生まれのスパイス。若葉は木の芽として使われる。中国産の「花椒」もサンショウの一種だが風味が異なる。

オススメ料理
魚料理

シナモン

上品な香りと甘み。体をあたためる効果もあるスパイス。手軽に紅茶やカフェオレに加えるのもおすすめ。

オススメ料理
肉料理
菓子

タイム

さわやかな香りとほろ苦さのハーブ。肉や魚料理のくさみ消しに活躍する。ウスターソースやケチャップの原料にもされる。

オススメ料理
なんにでも

タラゴン

別名エストラゴン。セロリに似た香りが特徴のハーブで、やわらかな甘さと苦みがある。よもぎの親戚。

オススメ料理
卵料理に

チャービル

別名セルフィーユ。やわらかくさわやかな香り。パセリのようにいろいろな料理に気軽に使える。

オススメ料理
サラダ
魚料理

ディル

あっさりとくせのない味とさわやかな香り。クリームソースと相性がよく、北欧料理によく使われる。

オススメ料理
魚料理
ピクルス

ナツメグ

甘い香りとまろやかな苦さ。消化促進効果があり、胃腸薬にも配合されている。料理では肉のくさみ消しに活躍する。

オススメ料理
ハンバーグ
菓子

バジル

なじみ深いハーブ。イタリア料理でおなじみだが、しそとおなじ感覚で幅広く使える。いため物やマリネにもおすすめ。

オススメ料理
なんにでも

八角《はっかく》

豚の角煮やから揚げに加えると本格中華の香りに。消化を助ける効果もあり、こってりした料理に加えたい。

オススメ料理
中華料理
肉料理

バニラ

バニラエッセンスはアルコールにエキス分をとかしたもので、熱に弱い。焼き菓子に使うなら、バニラオイルを使って。

オススメ料理
菓子

パプリカ

野菜のパプリカを粉末にしたもので、料理に鮮やかな赤い色を添える。ほんのりと甘酸っぱい香りがする。

オススメ料理
卵料理
スープ

フェンネル

魚と相性のよいハーブ。魚のマリネに加えたり、オーブン焼きに振りかけてもおいしい。

オススメ料理
魚料理
パンづくり

ミント

清涼感のある香りが特徴のハーブ。デザートの彩りに加えると、見た目も華やか。そのまま湯を注いでハーブティーにも。

オススメ料理
菓子
肉料理

ルッコラ

ほんのりごまの風味がするハーブ。香りがとんでしまうので加熱しすぎないように料理を。おひたしにしてもおいしい。

オススメ料理
サラダ

レモングラス

レモンに似た香りがするハーブ。タイ料理やインドネシア料理の必需品で、にんにくやとうがらしと相性がよい。

オススメ料理
辛い料理

ローズマリー

深く鮮烈な香りで、肉料理のくさみ消しに最適。加熱しても香りが落ちないので、煮込み料理にもおすすめ。

オススメ料理
肉料理

ローリエ

清涼感ある香りとわずかな苦み。肉や魚のくさみ消しにベストでとくに内臓料理には欠かせない。素材の味を引き立てる。

オススメ料理
煮込み料理

ココナッツミルクで タイ風カレー

材料（4人分）

にんにくのみじん切り…1かけ分
玉ねぎのみじん切り…1/2個分
カレー粉…小さじ1
赤とうがらし…1本
シナモンスティック…1/2本
ローリエ…1枚
ココナッツミルク…1カップ

作り方

にんにく、玉ねぎをしんなりするまでいためて、肉や野菜を加えていためる。カレー粉、とうがらし、シナモン、ローリエを入れ、ひたひたの水を加えて煮込み、火が通ったらココナッツミルクを加えてひと煮する。

ぴりっと辛い本格派 キーマカレー

材料（4人分）

おろしにんにく…1かけ分
おろししょうが…1かけ分
玉ねぎのみじん切り…1個分
カレー粉…大さじ2
トマトピューレ…200g
ローリエ…1枚
中濃ソース…大さじ1

作り方

にんにく、しょうが、玉ねぎをいためて香りを出し、カレー粉を振り入れていためる。ひき肉を入れてよくいため、ローリエとトマトピューレを加えてまぜながら煮る。仕上げに中濃ソースを加える。

懐かしい味 ポークカレー

材料（4人分）

いため玉ねぎ…1個分
小麦粉…大さじ5
カレー粉…大さじ2
トマトケチャップ…大さじ1
中濃ソース…大さじ1

作り方

あめ色にいためた玉ねぎに、小麦粉を加えていため、カレー粉をまぜてベースを作る。野菜と豚肉をいためてやわらかくなるまで煮、煮汁1/4カップでのばしたベースを加える。仕上げにソースとケチャップで調味し、さらに煮込む。

カレーのアレンジ

だしで煮込んで 和風カレー

いためた牛肉と玉ねぎにカレー粉を加え、和風の合わせだしで煮込み、しょうゆ、ケチャップで味つけすると和風のカレーに。

さわやかな味 チキンカレー

鶏肉はヨーグルトをもみ込んで下味をつけ、具材にトマトを加えたカレーは、酸味がさわやかでさっぱりした味に。

大人の味 シーフードカレー

野菜をいためてカレー粉をなじませたら、魚介類は別に白ワインでソテーしてから合わせる。クミンで風味をプラスしておとなの味つけに。

まとめ

Summary

正しい調味料のはかり方

大さじ1

液体はいっぱいに満たして、表面張力で盛り上がってこぼれない量

粉やペーストはきっちり詰めて、すりきり

大さじ1/2

液体は見た目で 2/3 くらいが目安量

粉はすりきってから半分にした量。または、指 3 本でつまんだ量

ひとかけ

しょうがなら親指大。約 20g

にんにくなら小さめの 1 かけ。約 10g

カップ1杯

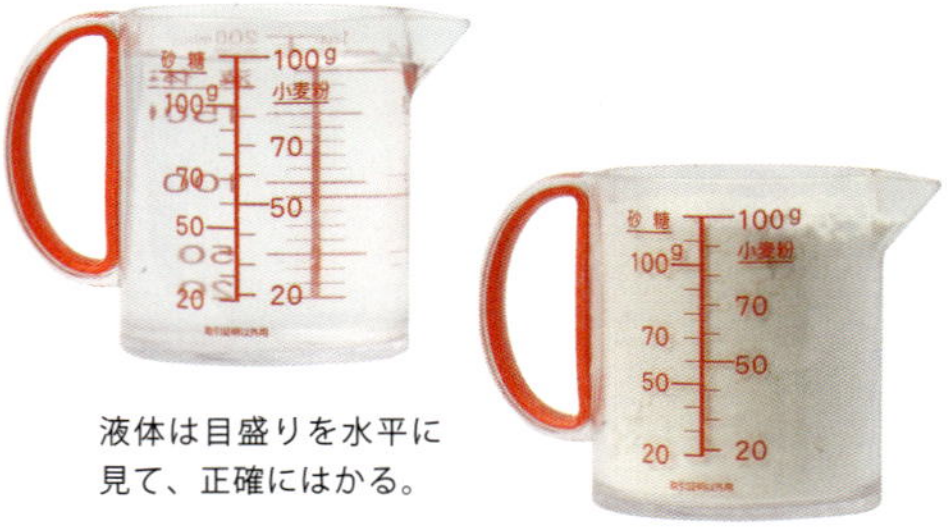

液体は目盛りを水平に見て、正確にはかる。

粉状のものは、かたまりはつぶして入れる。底をたたいて押し込むのは厳禁。表面を平らにして水平に見る。

塩分と糖分

調味料をおきかえて、アレンジをひろげよう

しょうゆのかわりにみそを、砂糖のかわりにみりんを……とレシピをアレンジするときに覚えておきたいのがそれぞれの調味料に含まれる塩分と糖分。調味料の量を同じにするのではなく、含まれる塩分と糖分を同じにするようにおきかえると、味のバランスがくずれません。

塩 1g 分の塩分＝

みそ大さじ 1/2 弱

塩 1g 分の塩分＝

しょうゆ小さじ 1

塩 1g ＝

塩小さじ 1/6

砂糖 1g 分の糖分＝

みりん小さじ 1/3 強

砂糖 1g ＝

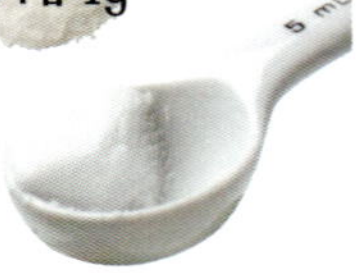

砂糖小さじ 1/3

調味料の重さとエネルギー

	小さじ1 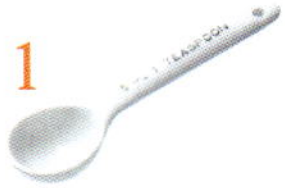		大さじ1 		カップ1 	
	重さ（g）	エネルギー（kcal）	重さ（g）	エネルギー（kcal）	重さ（g）	エネルギー（kcal）
しょうゆ	6	4	18	13	230	163
みりん	6	14	18	43	230	554
みそ	6	12	18	35	230	442
精製塩	6	0	18	0	240	0
上白糖	3	12	9	35	130	499
はちみつ	7	21	21	62	280	823
カレー粉	2	8	6	25	80	332
こしょう	2	7	6	22	100	371
トマトケチャップ	5	6	15	18	230	274
ウスターソース	6	7	18	21	240	281
マヨネーズ	4	27	12	80	190	1273
粉チーズ	2	10	6	29	90	428
ごま	3	17	9	52	120	694
油	4	37	12	111	180	1658
バター	4	30	12	89	180	1341

料理さくいん

あ

か

ま

や

ら

わ

調《ちょう》味《み》料《りょう》と
たれ&ソース568

2018年7月31日　第1刷発行

編　者　主婦の友社
発行者　矢﨑謙三
発行所　株式会社主婦の友社
　　　　〒101-8911
　　　　東京都千代田区神田駿河台2-9
　　　　電話　03-5280-7537（編集）
　　　　　　　03-5280-7551（販売）
印刷所　大日本印刷株式会社

■本書の内容に関するお問い合わせ、また、印刷・製本など製造上の不良がございましたら、主婦の友社（電話 03-5280-7537）にご連絡ください。
■主婦の友社が発行する書籍・ムックのご注文は、お近くの書店か主婦の友社コールセンター（電話 0120-916-892）まで。
＊お問い合わせ受付時間　月～金（祝日を除く）　9：30～17：30
主婦の友社ホームページ　http://www.shufunotomo.co.jp/

ISBN978-4-07-433118-5

※本書は『調味料とたれ＆ソース 王道レシピ手帖 568』（2012年刊）のタイトルとカバーを改訂したものです。

参考文献

「くり返し作りたいおかず 2」　主婦の友社
「節約ラクうまおかず 524」　主婦の友社
「毎日のおかずレシピ」　主婦の友社
「早引きおかず便利帳 508 レシピ」　主婦の友社
「365 日きょうのおかず大百科」　主婦の友社
「料理図鑑」　福音館書店
「調理学」　化学同人
「食材健康大事典」　時事通信出版局
「日本の正しい調味料」　小学館
「あたらしい栄養学」　高橋書店
「からだにおいしい野菜の便利帳」　高橋書店
「調味料の基礎知識」　枻出版社
「応用調味料の事典」　柴田書店
「くらべてわかる食品図鑑 6
　調味料と調理」　大月書店
「改訂 3 版　スパイス入門」　日本食糧新聞社
「図解　食品加工プロセス」　工業調査会
「塩のちから　なぜ塩がないと
　人は生きられないか」素朴社
「調味料オドロキの使いこなし術」　PHP 研究所
「調味料をさがす」　柴田書店

参考ホームページ

「食品成分データベース」
http://fooddb.jp/
「しょうゆ情報センター」
http://www.soysauce.or.jp/
「日本うま味調味料協会」
http://www.umamikyo.gr.jp/knowledge/index.html
「社団法人日本酪農乳業協会　牛乳百科事典」
http://j-milk.jp/library/index.html

スタッフ

アートディレクション／石倉ヒロユキ
編集・執筆協力／富田純子
デザイン／ regia
写真／石倉ヒロユキ、本田犬友
イラスト／浅田弥彦、石倉ヒロユキ
調味料製作／岩崎由美、島田孝子、真木文絵、
　山下智子、山下ゆうこ
料理製作・指導（五十音順）／
　石澤清美、今泉久美、岩﨑啓子、ウー・ウェン、
　大庭英子、上村泰子、杵島直美、検見﨑聡美、
　小林まさみ、瀬尾幸子、高城順子、田口成子、
　夏梅美智子、樋口秀子、平野由希子、広沢京子、
　藤井恵、藤野嘉子、本間節子、松田紀子、武蔵裕子、
　森洋子、矢崎美月代、吉田瑞子、脇雅世
撮影協力（五十音順）／
　宇都木章、岡本真直、武井メグミ、松久幸太郎、
　山下コウ太、山田洋二、山本明義
編集デスク／木村晶子（主婦の友社）
編集担当／望月聡子（主婦の友社）